CIVILIZAÇÃO 2.0

POR QUE ESTAMOS
SENDO OBRIGADOS
A IMITAR AS

FORMIGAS?

CARLOS NEPOMUCENO

Autor de **Administração 3.0**

CIVILIZAÇÃO 2.0

POR QUE ESTAMOS
SENDO OBRIGADOS
A IMITAR AS
FORMIGAS?

ALTA BOOKS
GRUPO EDITORIAL
Rio de Janeiro, 2023

Civilização 2.0

Copyright © 2023 da Starlin Alta Editora e Consultoria Eireli.
ISBN: 978-85-5082-081-1

Impresso no Brasil – 1ª Edição, 2023 – Edição revisada conforme o Acordo Ortográfico da Língua Portuguesa de 2009.

Todos os direitos estão reservados e protegidos por Lei. Nenhuma parte deste livro, sem autorização prévia por escrito da editora, poderá ser reproduzida ou transmitida. A violação dos Direitos Autorais é crime estabelecido na Lei nº 9.610/98 e com punição de acordo com o artigo 184 do Código Penal.

A editora não se responsabiliza pelo conteúdo da obra, formulada exclusivamente pelo(s) autor(es).

Marcas Registradas: Todos os termos mencionados e reconhecidos como Marca Registrada e/ou Comercial são de responsabilidade de seus proprietários. A editora informa não estar associada a nenhum produto e/ou fornecedor apresentado no livro.

Erratas e arquivos de apoio: No site da editora relatamos, com a devida correção, qualquer erro encontrado em nossos livros, bem como disponibilizamos arquivos de apoio se aplicáveis à obra em questão.

Acesse o site www.altabooks.com.br e procure pelo título do livro desejado para ter acesso às erratas, aos arquivos de apoio e/ou a outros conteúdos aplicáveis à obra.

Suporte Técnico: A obra é comercializada na forma em que está, sem direito a suporte técnico ou orientação pessoal/exclusiva ao leitor.

A editora não se responsabiliza pela manutenção, atualização e idioma dos sites referidos pelos autores nesta obra.

Dados Internacionais de Catalogação na Publicação (CIP) de acordo com ISBD

M441c   Nepomuceno, Carlos
         Civilização 2.0: por que estamos sendo obrigados a imitar as formigas? / Carlos Nepomuceno. - Rio de Janeiro : Alta Books, 2023.
         256 p. ; 15,7cm x 23cm.
         Inclui bibliografia e índice.
         ISBN: 978-85-5082-081-1
         1. Administração. I. Título.

2023-488   CDD 658
                                                        CDU 65

Elaborado por Vagner Rodolfo da Silva - CRB-8/9410

Índice para catálogo sistemático:
1. Administração 658
2. Administração 65

Produção Editorial
Grupo Editorial Alta Books

Diretor Editorial
Anderson Vieira
anderson.vieira@altabooks.com.br

Editor
José Ruggeri
j.ruggeri@altabooks.com.br

Gerência Comercial
Claudio Lima
claudio@altabooks.com.br

Gerência Marketing
Andréa Guatiello
andrea@altabooks.com.br

Coordenação Comercial
Thiago Biaggi

Coordenação de Eventos
Viviane Paiva
comercial@altabooks.com.br

Coordenação ADM/Finc.
Solange Souza

Coordenação Logística
Waldir Rodrigues

Gestão de Pessoas
Jairo Araújo

Direitos Autorais
Raquel Porto
rights@altabooks.com.br

Assistente da Obra
Ana Clara Tambasco
Erick Brandão

Produtores Editoriais
Illysabelle Trajano
Maria de Lourdes Borges
Paulo Gomes
Thales Silva
Thiê Alves

Equipe Comercial
Adenir Gomes
Ana Claudia Lima
Andrea Riccelli
Daiana Costa
Everson Sete
Kaique Luiz
Luana Santos
Maira Conceição
Nathasha Sales
Pablo Frazão

Equipe Editorial
Andreza Moraes
Beatriz de Assis
Beatriz Frohe
Betânia Santos
Brenda Rodrigues

Caroline David
Elton Manhães
Gabriela Paiva
Gabriela Nataly
Henrique Waldez
Isabella Gibara
Karolayne Alves
Kelry Oliveira
Lorrahn Candido
Luana Maura
Marcelli Ferreira
Mariana Portugal
Marlon Souza
Matheus Mello
Milena Soares
Patricia Silvestre
Viviane Corrêa
Yasmin Sayonara

Marketing Editorial
Amanda Mucci
Ana Paula Ferreira
Beatriz Martins
Ellen Nascimento
Livia Carvalho
Guilherme Nunes
Thiago Brito

Atuaram na edição desta obra:

Revisão Gramatical
Maria C. Rodrigues
Hellen Suzuki

Diagramação
Rita Motta

Capa
Rita Motta

Editora afiliada à:

ALTA BOOKS
GRUPO EDITORIAL

Rua Viúva Cláudio, 291 – Bairro Industrial do Jacaré
CEP: 20.970-031 – Rio de Janeiro (RJ)
Tels.: (21) 3278-8069 / 3278-8419
www.altabooks.com.br – altabooks@altabooks.com.br
Ouvidoria: ouvidoria@altabooks.com.br

Aos Pensadores Bimodais.

Aos pesquisadores da Escola de Comunicação de Toronto, tão injustiçados pelas "vacas sagradas" de plantão.

Sumário

Introdução à 3ª edição 1

Revisão Crítica — Pensadores Bimodais..................................... 6

Prefácio.. 7

Frases dos Pensadores Bimodais sobre o texto 11

Introdução — As três Macrocrises do novo século 15

PARTE I
ACEITANDO O FUTURO
a Macrocrise Demográfica e a Revolução Civilizacional

PARTE II
ENTENDENDO A NOVA CIVILIZAÇÃO 2.0
superando a Macrocrise Filosófica

2.1 Superando o Embaralhamento do Digital com outros
fenômenos 24

2.2 Entendendo Tecnofenômenos e seus efeitos na sociedade....29

2.3 Entendendo Tecnofenômenos Midiáticos 42

2.4 Tecnofenômenos Midiáticos: a diferença entre canal e linguagem 51

2.5 Entendendo a Complexidade Demográfica Progressiva 58

2.6 Entendendo por que o atual modelo de sobrevivência da Civilização 1.0 "entortou" 72

2.7 Entendendo por que o sapiens é obrigado a descentralizar as decisões ao longo da Macro-história 79

2.8 Entendendo a Administração como "filha" da mídia, e não como "mãe" 90

2.9 Entendendo a Administração Sonora 95

2.10 Entendendo a passagem da Administração Sonora .... para a Administração por Rastros 102

2.11 Entendendo mais profundamente a Uberização 110

2.12 Entendendo os limites da Uberização 120

2.13 Entendendo o potencial da Blockchenização 124

Conclusão da Parte II 134

PARTE III
MIGRANDO PARA A NOVA CIVILIZAÇÃO 2.0
superando a Macrocrise Psicológica

3.1 Os desafios da migração das pessoas para a Civilização 2.0 140

    3.1.1 Superando a falta de projeto estratégico individual 141

    3.1.2 Superando o Dogmatismo 146

    3.1.3 Superando o Zecapagodismo 158

    3.1.4 Superando o Emocionalismo 165

Conclusão dos desafios da migração das pessoas para a Civilização 2.0 171

3.2 Os desafios da migração das organizações para a Civilização 2.0 172

3.2.1 Superando o Pragmatismo Inadequado 173

3.2.2 Superando a Inovação Unimodal para a 183

3.2.3 Superando a Gestoria 190

Conclusão dos desafios da migração das organizações para a Civilização 2.0 191

Conclusão da Parte III 193

Conclusão geral 197

A Bimodal — Futurismo Competitivo 200

Glossário Bimodal 210

Bibliografia Bimodal Recomendada 232

Bibliografia Bimodal Complementar 234

Links 239

Links Relevantes Gerais 239

Links — Atualização da Narrativa 239

Links — Vídeos Bimodais Recomendados 240

Links — Entrevistas sobre o Livro 240

Links para os Artigos dos Pensadores Bimodais, que Refletem sobre a Narrativa 241

Links — Artigos sobre o Livro 241

O Curador da Bimodais 242

Índice 243

Introdução à 3ª edição

> *"Não existem explicações finais, apenas melhores!"*
> — Marcelo Gleiser

A produção deste texto é uma das atividades das imersões semestrais da Bimodais — Futurismo Competitivo.

Nossa Escola oferece um programa de formação permanente pela internet, para novos alunos, e de formação continuada para os formados (Pensadores Bimodais)*.

(Já emitimos cerca de 250 certificados online, funcionando neste modelo por meio de WhatsApp/Telegram/Google Drive/Youtube/Eduzz, desde 2018.)

O texto original deste livro foi produzido e publicado dentro do ambiente digital do Google Drive e nos permitiu receber críticas e sugestões dos Pensadores Bimodais. (Agradeço a todos eles.)

---

* Todos os conceitos criados nesta Narrativa Bimodal terão as iniciais grafadas com maiúsculas e estarão ao final descritos no Glossário Bimodal.

O livro reflete a Narrativa Bimodal — o epicentro da nossa Escola.

Quando alguém pergunta: como pensam os Bimodais? A resposta é: leia a Narrativa!

Eu, como curador da Escola, sou responsável por produzir a síntese de vários *inputs* que nos chegam:

> Autores que são visitados nas Leituras Bimodais.

> Perguntas e novas respostas aos formandos.

> Debates que ocorrem nos Grupos Bimodais.

> Informações e fatos diversos.

> Reflexões continuadas.

A Narrativa é a "espinha dorsal" da nossa Escola, que unifica os membros, tanto na aceitação quanto nas críticas, em torno de uma maneira de pensar o digital.

O texto se assemelha ao desenvolvimento de um software: a versão de hoje é melhor do que a de ontem — e pior do que a de amanhã.

Temos aqui a seguinte estrutura para produzir a Narrativa:

> Antropologia da Sobrevivência — Ciência de Apoio;

> Futurismo Competitivo — Foco/Problema;

> Metodologia — Inovação Bimodal Administrativa.

Vejamos:

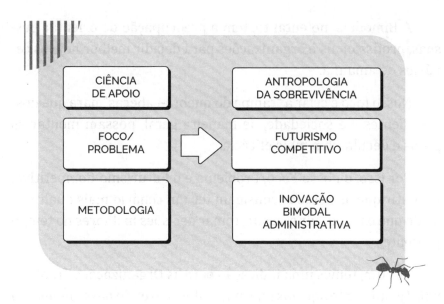

A Antropologia da Sobrevivência nos liberta das ciências sociais tradicionais, pois analisa movimentos do sapiens na Macro-história, os quais são feitos para a sobrevivência, tendo como grande "força" de mudança a relação entre:

- Mídias.
- Demografia.
- Macromodelos de Administração.

Nenhuma outra ciência social permite essa dimensão. Isso dificulta bastante o entendimento do novo século, na medida em que estamos vivendo justamente uma mudança no Macromodelo de Sobrevivência.

Sem a Antropologia Cognitiva é impossível entender o novo século!

Na verdade, existem diversas aplicações possíveis para uma Ciência de Apoio às análises.

A Bimodais, no entanto, tem a preocupação de orientar pessoas, profissionais e organizações para decidir melhor hoje os cenários do amanhã.

Nosso foco é criar a "tampa do quebra-cabeças" para que nossos clientes e a sociedade, de maneira geral, possam montar as peças e decidir com mais eficácia.

Por isso, o nosso Foco/Problema é o Futurismo Competitivo. Permitir que as pessoas consigam ter um cenário mais qualificado do que está por vir e, assim, tomar decisões melhores no tempo presente.

Por fim, temos uma indicação para as Organizações Tradicionais (justamente aquelas que mais estão sofrendo nesse momento disruptivo): a Inovação Bimodal Administrativa.

A Inovação Bimodal, que já vem sendo utilizada, nos é oferecida por meio de duas áreas separadas: uma promovendo uma inovação mais moderada; e outra, uma inovação mais radical.

Sem uma visão mais ampla, não é viável enxergar a ruptura administrativa. Desse modo, sugerimos uma separação já não baseada em tecnologias, mas em modificações administrativas.

No Modal 1, pratica-se a Gestão, com a filosofia administrativa do controle direto pelos gestores.

Já no Modal 2, pratica-se a Curadoria, com a filosofia administrativa do controle indireto pelos algoritmos, a cargo dos curadores.

Nossas Imersões Semestrais podem ser vistas em bimodais.com.br.

(Ver mais detalhes sobre a nossa Escola no Capítulo "A Bimodal — Escola de Pensamento", ao fim do texto.)

Dúvidas, problemas e sugestões sobre o texto podem ser encaminhados diretamente para o curador da Escola, Carlos Nepomuceno (Nepô) — (21) 99608-6422 (WhatsApp ou Telegram).

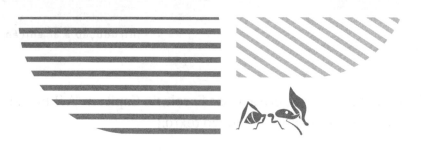

Revisão Crítica – Pensadores Bimodais

(Inspirados pela quarentena da pandemia do Coronavírus de 2020, igual à de Newton em 1665, que também teve de ficar confinado para desenvolver suas ideias.)

Agradecimento Superespecial:

Gustavo Carriconde, Leandro Dornelas Sampaio Andrade, Augusto Borella Hougaz, Milene Amoriello Spolador, Fernando Potsch, Adriano Rocha, Silvia Piva.

Outras participações:

Leonardo Almeida, Lawrence Chung Koo, Rodrigo Palhano, Renato Azevedo Sant Anna, Mônica Fuchshuber, Francisco Sarkis, Leandro Piccoli, Adriano Rocha Campos, Zilea Barrilari, Cássio Matias Gomes, Átila Pessoa Costa, David Afonso, Thereza Rodrigues, Flexa Ribeiro, João Gonçalves.

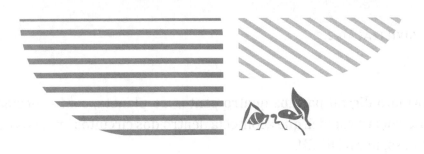

Prefácio

Bit é a menor parcela de informação processada por um computador.

Por volta de 1956, o cientista da computação Werner Buchholz trabalhava no desenvolvimento do IBM STRECH, um supercomputador revolucionário para o mundo.

Werner foi um dos primeiros a operacionalizar a aplicação dos bits, transformando a informação para formato digital, o que permitiu a circulação de dados de forma muito mais rápida do que antes.

Alguém ciente do que estava para acontecer teria subsídios para tomar decisões estratégias melhores do que a multidão totalmente imersa no mundo analógico.

Uma outra narrativa...

Uma nova tecnologia havia sido inventada e os seres humanos estavam prestes a mudar a sua existência para sempre.

Hoje, aquela imensa máquina da IBM já ficou antiquada, deixando um legado da possibilidade de enviar informações no formato digital para os quatro cantos do planeta, com a mesma eficiência e rapidez que acontecia dentro dos circuitos internos do dinossauro STRECH.

Textos, imagens, filmes, sons e até mesmo a voz do homem agora podem viajar distâncias enormes em velocidades vertiginosas.

E foi assim que surgiu uma certa tecnologia chamada Podcast.

Trata-se de uma espécie de rádio digital propagada através de bits, que viaja dentro de cabos de fibras ópticas ou satélites. Muito mais veloz do que as rádios tradicionais limitadas por ondas eletromagnéticas através da atmosfera.

O Podcast permitiu a criação da minha própria "rádio digital" sem sair de casa e com um custo muito baixo. Em 2016, nascia o ResumoCast (www.resumocast.com.br), um programa semanal sobre livros para empreendedores.

No momento em que escrevo este texto, o ResumoCast é um dos mais ouvidos e já ultrapassou a marca de 15 milhões de downloads nos quatro anos que está no ar.

(Um detalhe: moro no Oriente Médio, em Dubai, e as pessoas que me escutam semanalmente estão na América do Sul, especificamente no Brasil.)

Foi por causa do ResumoCast que em setembro de 2018 minha jornada se cruzou com a do Carlos Nepomuceno.

Quem conhece superficialmente o Nepô, já de cara fica intrigado com os conceitos que ele cria. Por exemplo:

"Somos a única espécie que já tem a complexidade demográfica das formigas — mas nos comunicamos e nos organizamos como lobos."

É impossível não ficar inquieto e não querer saber mais sobre isso. No meu caso, eu fui conhecer mais no livro que ele escreveu: *Administração 3.0 — Por que e como uberizar uma organização tradicional.*

O episódio sobre esse livro acabou se tornando um dos mais baixados do meu Podcast. Conectados pelo Skype, entrevistei e gravei a voz do Nepô em meu computador, fiz a edição do áudio e publiquei o conteúdo final na internet.

Tudo isso sem sair de casa. Do outro lado do planeta, milhares de pessoas escutaram o episódio enquanto se deslocavam para o trabalho, faziam esportes ou relaxavam numa praia com seus fones de ouvidos.

Esse episódio foi avaliado pelos internautas e, pelo simples fato de ter sido ouvido milhares de vezes e compartilhado com suas conexões, foi ganhando destaque e visibilidade na internet.

Isso nunca aconteceria numa rádio analógica tradicional.

O "mundo digital", por meio de seus algoritmos, estava validando: o que eu e o Nepô havíamos feito era bom!

E tudo isso de maneira descentralizada, sem pedir permissão a nenhum editor nem pagar para entrar no ranking de uma revista famosa (o famoso "jabá").

Aquele processo de "curadoria" havia sido feito por pessoas "normais", com o poder de opinar através dos bits.

Aqueles que conseguem entender o mundo à sua volta conseguem obter diferencial competitivo. Naquele histórico momento, dentro da IBM, em que o digital tinha "sido inventado", alguns conseguiram entender o impacto futuro da disseminação dos bits pelo planeta.

Outros continuaram (e continuam) imersos no mundo analógico, cada vez mais obsoleto.

Em 2016, quando criei o ResumoCast, muitos disseram que eu era maluco, pois ninguém no Brasil tinha o hábito de escutar esse tipo de coisa.

Mas como eu já acompanhava Podcasts em outros países e, por viver em outro continente, consegui ter uma visão de futuro baseada em uma análise mais consciente dos fatos. Fui capaz de contar a mim mesmo a história que fazia mais sentido — e não apenas aquela que todos regurgitavam.

Perceber essa história mais cedo foi vital para que o meu programa assumisse uma posição de liderança nacional. Hoje em dia surgem semanalmente novos Podcasts e para quem está começando do zero está muito mais difícil conseguir se destacar.

Agora eu convido você para ingressar no planeta "Civilização 2.0"! Afaste-se do ruído que está cada vez mais alto. Viaje para outro continente e deixe o Nepô lhe mostrar uma forma bem diferente de entender o novo mundo, via digital.

Abra as portas para uma vantagem competitiva que você nunca terá se não adotar... uma outra narrativa...

Gustavo Carriconde,
Dubai, 26 de março de 2020

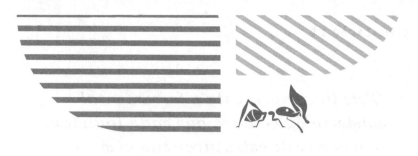

Frases dos Pensadores Bimodais sobre o texto

"Os sapiens Bimodais assopram sobre 'brasas' midiáticas das civilizações que os precederam, deixando rastros epistemológicos para novas fogueiras das civilizações que os sucederão."
— Thereza Rodrigues

"Com certeza este livro se tornará o melhor amigo de qualquer leitor na busca de discernir melhor sobre o digital."
— David Afonso

> *"Este livro apresenta o ferramental epistemológico para que cada indivíduo seja capaz de estruturar sua visão e revisão da interpretação da história da humanidade. Este livro me apresentou a uma nova compreensão da estruturação das relações causais antropológicas históricas e dos limites tecnoculturais, permitindo-me reconstruir minha consciência e minha conceituação sobre a relação do homem com a tecnologia. Com este livro, trocam-se constatações por entendimentos causais com recorrências históricas, levando assim a um novo patamar de compreensão da nova Civilização e da Civilização em geral."*
> — Augusto Borella

> *"O livro ajuda o leitor a entender o mundo novo que se apresenta. Um mundo que exige novas maneiras de pensar e agir, novos hábitos e novas atitudes. Os capítulos dissecam diversos temas pertinentes e fornecem ao leitor uma visão de mundo extremamente coerente e completa, o que anda muito em falta no mercado!"*
> — Leonardo Almeida

Frases dos Pensadores Bimodais sobre o texto   13

"Temos aqui uma leitura agradável para entender, entre outras coisas, o que Nepô nos apresenta sobre fatores causantes e detonantes das revoluções civilizacionais e que resultam nos efeitos consequentes e atuantes no nosso cotidiano. É uma jornada obrigatória para aqueles que querem tomar decisões consistentes e sólidas para as organizações, empresas, instituições ou até no plano pessoal. Boa leitura."
— Lawrence Chung Koo

"O livro oferece referenciais importantes para os educadores que abraçam o desafio de formar as novas gerações, cujas trajetórias de vida se desenvolverão pelo século XXI afora, em meio a inovações que estão mudando rapidamente a maneira como as cidades e os negócios se organizam."
— Pedro Flexa Ribeiro

"O texto é a explicitação da narrativa que está fundamentada na Macro-história, de forma a estudar os acontecimentos do passado, comportamentos sociais para então definir as melhores estratégias para sustentar a nova civilização que chamamos de digital."
— Rodrigo Noli da Silva Marques

"O sapiens está em constante transformação para superar a Macrocrise Demográfica. O livro nos traz a percepção de por que e como essas mudanças ocorrem: hoje mais ágeis do que ontem e menos ágeis do que amanhã, de forma exponencial."
— Oscar Nepomuceno

"Somos um lugar plural onde o pensamento filosófico constrói conceitos que transformam nossa realidade."
— Fernando Potsch

Introdução — As três Macrocrises do novo século

> *"Não é o que não sabemos que vai nos colocar em apuros. É justamente aquilo que já sabemos."*
> — Josh Billings

Vivemos hoje três grandes crises diante da Era Digital:

- ➤ Demográfica/de aceitação (objetiva): o aumento populacional acelerado dos últimos 220 anos nos legou um mundo habitado por 8 bilhões de sapiens, que já não conseguem ser atendidos a contento pelo atual Modelo Estrutural Administrativo da Civilização 1.0.

- ➤ Filosófica/de compreensão (subjetiva): diante das mudanças que passamos a assistir depois da chegada da Era Digital, temos a necessidade de entender o que está ocorrendo, de uma forma mais lógica e menos fantasiosa — o que implica rever os nossos paradigmas filosóficos mais profundos sobre a sociedade, o sapiens, os negócios e a administração.

> Psicológica/de migração (subjetiva): diante da necessidade de mudança, vem a demanda de uma adaptação emocional de pessoas, profissionais e organizações (principalmente as tradicionais) a este novo cenário.

Vejamos a figura das três crises, que será a base para o trabalho da Quarta Imersão no Futurismo Competitivo Bimodal:

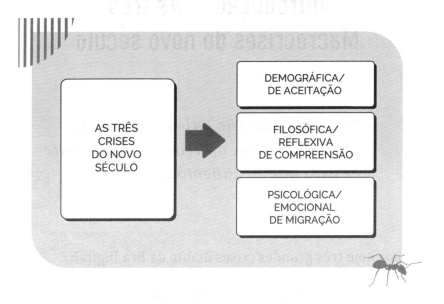

Nossa meta é promover o diálogo sobre o tema da seguinte forma:

> **Parte I** — Aceitando o futuro: a Macrocrise Demográfica e a Revolução Civilizacional.
> **Parte II** — Entendendo a nova Civilização 2.0: superando a Macrocrise Filosófica.
> **Parte III** — Migrando para a nova Civilização 2.0: superando a Macrocrise Psicológica.

PARTE I

ACEITANDO O FUTURO
a Macrocrise Demográfica e a Revolução Civilizacional

Tivemos o maior salto demográfico da história do sapiens, de um para 8 bilhões de pessoas em apenas 220 anos, como vemos a seguir:

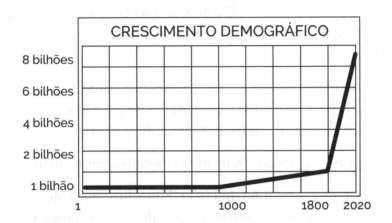

A crise demográfica é lenta, gradual — mas real.

Uma coisa é alimentar 1 bilhão de indivíduos, outra é alimentar 8 bilhões. Sem falar em habitação, saneamento, justiça, educação, mobilidade, etc. É uma crise matemática, objetiva, concreta.

Poucos conseguem entender que a atual Revolução Midiática Civilizacional vem justamente para abrir possibilidades de superação desta Macrocrise Demográfica.

Quanto mais gente, mais demanda. Assim, novas formas de solução de problemas são arquitetadas por meio de uma Revolução

Midiática Civilizacional que nos traz novas possibilidades de ofertas mais personalizadamente exponenciais.

Diante das mudanças em curso, não há nada que eu, você ou qualquer pessoa possa fazer. Na Era Digital, temos uma Macro-ordem Espontânea, em que solicitações adormecidas foram acordadas por tecnologias "despertadoras".

É preciso aceitar e entender as mudanças obrigatórias que estão resultando na Revolução Midiática Civilizacional.

Estamos promovendo macroajustes no nosso Modelo Estrutural de Sobrevivência. A Era Digital nos traz a mais disruptiva das mudanças administrativas que o sapiens já fez em toda a história!

O que podemos fazer: precisamos nos esforçar para entender, aceitar e nos preparar adequadamente para migrar para esta nova Civilização 2.0, a mais disruptiva do sapiens.

Quanto mais cedo e de forma mais consistente, melhor.

Façamos agora uma Imersão Filosófica para desaprender alguns paradigmas filosóficos e aprender outros novos e, assim, entender mais a fundo esta nova Civilização, por meio da Parte II — Entendendo a nova Civilização 2.0. Vamos?

PARTE II

ENTENDENDO A NOVA CIVILIZAÇÃO 2.0

superando a
Macrocrise Filosófica

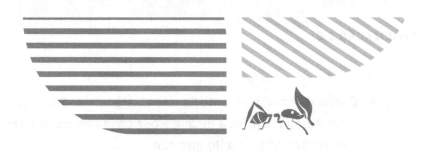

> *"Você pode ignorar a realidade, mas não pode ignorar as consequências de ignorar a realidade."*
> — Ayn Rand

Não estamos compreendendo a atual Revolução Midiática Civilizacional. O não entender está diretamente ligado ao não conseguir agir, e vice-versa.

Nossa maneira de sentir, pensar e atuar no mundo foi moldada para que vivêssemos bem (e confortavelmente) na Civilização 1.0, que tinha como características:

> - O total desconhecimento sobre o papel das tecnologias para a vida do sapiens.
> - A não compreensão do papel da demografia nas mudanças históricas e a sua relação com a chegada de novas mídias.
> - O total desconhecimento sobre as causas e consequências das Revoluções Midiáticas no passado.
> - A não compreensão de que *quase tudo* na sociedade está baseado numa "placa-mãe" tecnomidiática que, quando muda, *muda tudo*.

CIVILIZAÇÃO 2.0

> ➤ O total desconhecimento de que existe um Modelo Estrutural Administrativo e de que é por causa dele que as organizações são do jeito que são.

> ➤ O total desconhecimento sobre a demanda da espécie pela Descentralização Progressiva, ao longo da Macro-história.

> ➤ E, por fim, os limites da Transformação Digital Rivotril, baseada na Digitalização, e o potencial da Uberização e da Blockchenização como ferramentas para superar a Macrocrise Demográfica.

O objetivo dos próximos capítulos é ajudar na superação da Macrocrise Filosófica diante da Civilização 2.0.

Vamos?

2.1 Superando o Embaralhamento do Digital com outros fenômenos

> *"Confusão é o nome que inventamos para uma ordem que não compreendemos."*
> — Henry Miller

O principal problema quando analisamos qualquer fenômeno é o embaralhamento com outros correlacionados ou similares. "Desembaralhar" é o ato de separar "alhos" de "bugalhos" ou o "joio" do "trigo".

Que "mosquito" está "picando" a nossa civilização neste novo século? Afinal, o que é uma Revolução Midiática Civilizacional?

Vejamos o caso das confusões de fenômenos nas epidemias.

Existem diferentes tipos na classificação epidemiológica, e uma primeira divisão se refere à abrangência dos locais infectados:

> Epidemia: atinge apenas um local, ou poucos locais;
> Pandemia: atinge diferentes locais em grande quantidade ou todo o planeta.

E cada uma delas pode ter diversos tipos de transmissão:

> Pelo ar.
> Pelo sangue.
> Pelo sexo.
> Por insetos.

Para lidar melhor com uma pandemia ou epidemia, o primeiro passo é definir qual tipo estamos analisando: qual é a essência do fenômeno?

Essência é a característica mais importante e mais central de algo que o diferencia dos demais.

O motivo da pandemia/epidemia é a picada de um tipo específico de mosquito ou é um vírus que se espalha pelo ar?

Quando temos a essência do fenômeno bem definida, podemos entendê-lo melhor e compará-lo com outros similares do passado, para que assim possamos criar estratégias de ação mais robustas e alinhadas com os fatos — e *não* com o que estamos fantasiando sobre eles.

CIVILIZAÇÃO 2.0

Sem a análise da natureza/essência:

> Não poderemos comparar com outros fenômenos semelhantes do passado, para que possamos analisar as causas e as prováveis consequências.

> Não poderemos conhecer o que foi escrito e refletido sobre ele ao longo da história.

> Não poderemos descobrir os mais antigos e (quem sabe) melhores especialistas e pensadores que já estudaram (e continuam estudando) aquele fenômeno em particular.

> Não poderemos escolher as melhores Escolas de Pensamento que refletiram sobre o problema.

> Não poderemos conhecer os melhores embasamentos filosóficos, teóricos e metodológicos sobre ele, para que nos ajudem a enxergar com muito mais nitidez e mais lógica e, então, agir com mais eficácia.

Os equívocos mais comuns sobre a atual Revolução Midiática Civilizacional Digital estão sempre relacionados à sua natureza.

Vamos ver o que se diz por aí:

"Fenômeno zodiacal"

> Atribui-se às mudanças a que estamos assistindo neste novo século de um despertar de consciência humana, uma nova era cósmica ou zodiacal.

> É uma visão esotérica (relativa ao oculto ou ao sobrenatural), na medida em que as mudanças são atribuídas a forças aleatórias, e não humanas, que nos guiam.

Todos esses devaneios não levam a lugar nenhum.

"Fenômeno tecnológico genérico"

- Compara-se a chegada da internet com o surgimento do barco a vapor, do fogo ou da roda: "A internet é mais uma importante tecnologia humana que foi desenvolvida como tantas outras." (Será?);
- Trata-se de uma visão "tecnoequivocada", porque parte da falsa premissa de que todas as tecnologias são iguais — o que é totalmente falso.
- Tais devaneios nos impedem, por exemplo, de procurar mudanças de mídia no passado e especialistas no tema — como os pesquisadores canadenses da Escola de Pensamento de Toronto.

"A sociedade com adjetivos imprecisos"

- Colocam-se adjetivos indevidos na atual sociedade, tais como Sociedade da Informação, do Conhecimento, da Colaboração ou do Compartilhamento — como se esses fossem os fatores principais.
- Confunde-se o que é da essência humana, sempre presente e estruturante (informação, conhecimento, colaboração, compartilhamento), com mudanças conjunturais na informação, conhecimento ou colaboração por influência das mudanças de mídia.
- Ocorre aqui uma confusão entre o que é estrutural e o que é conjuntural na história do sapiens, um erro bastante comum, que causa uma confusão conceitual enorme — e isso se traduz em dinheiro, tempo e recursos jogados pela "janela".

"Números aleatórios 4.0, 5.0..."

> Colocar um número é sempre atraente, mas para que isso não seja só uma jogada de marketing é preciso apresentar com clareza (e com fatos) as recorrências históricas.

> Para se evoluir com a ajuda de números sobre qualquer fenômeno, é preciso definir critérios para a passagem de uma versão 1.0 para a 2.0, 3.0 e assim por diante. Quais são os fatores causantes, detonantes e consequentes para que ocorra a mudança de número?

> Quais serão os Fatores Detonantes no futuro, para que se possa mudar novamente de número?

> Números aleatórios não ajudam a entender nem a agir sobre nenhum fenômeno: só atrapalham, pois acabamos ficando com muito marketing — e pouca ciência.

"Vivemos uma Revolução Industrial"

> É muito comum ver pessoas defendendo a hipótese de que vivemos atualmente uma nova Revolução Industrial (no caso, a 4.0); e de fato é inegável que existem mudanças na produção industrial e em várias outras áreas, mas não podemos confundir e tomar a parte pelo todo, nem a causa pela consequência e muito menos o epicentro pela periferia.

> Um terremoto sempre tem um epicentro e ondas que se espalham por outras regiões.

> A Revolução Industrial é uma sub-revolução dentro de uma Revolução maior — que pode ser analisada no particular, mas não como se fosse o fator principal.

> A afirmação de que "o fenômeno principal é uma Revolução Industrial" também confunde e impede uma pesquisa adequada no passado em busca de recorrências.

Sem essa revisão filosófica que ajude a classificar a natureza dos fenômenos, será *impossível* entender o que o futuro nos reserva.

E agora é hora de entender o que são Tecnofenômenos — e por que eles são tão mal compreendidos. Vamos?

2.2 Entendendo Tecnofenômenos e seus efeitos na sociedade

*"Quanto mais rápida é
uma alteração técnica,
mais ela parece vir do exterior."*
— Pierre Lévy.

Uma Revolução Midiática Civilizacional é um fenômeno tecnológico — ou, se preferirem, um Tecnofenômeno.

Os tecnofenômenos são diferentes dos fenômenos sociais, políticos e econômicos, pois o Fator Detonante não é, por exemplo, um assassinato — como o que ocasionou a Primeira Guerra Mundial.

O Fator Detonante de um Tecnofenômeno é a chegada e a massificação de um novo tipo de tecnologia ou de um conjunto articulado dela. É diferente da Pandemia de 2020 (saúde) ou da hiperinflação no Brasil da década de 1980 (econômico).

Os primeiros "desembaralhamentos" necessários para entender os Tecnofenômenos são os seguintes:

> Fenômenos Sociais Não Tecnológicos: mudanças sociais *sem* influência da chegada de novas tecnologias;

> Fenômenos Sociais Tecnológicos: mudanças em que há uma interferência *direta* do surgimento e da massificação de novas tecnologias, abrindo a possibilidade de mudanças em diversos setores da sociedade.

(Mais adiante, falaremos do Tecnofenômeno Midiático que estamos vivendo.)

Fenômenos Tecnológicos ainda são muito mal compreendidos, pois somos herdeiros da tradição filosófico-teórica de considerar que tecnologias não influenciam a cultura.

Segundo essa tradição, as tecnologias seriam neutras — e a sociedade seria "Tecnopura". Nós, ao contrário, seguimos a sugestão do Tecnopensador canadense Marshall McLuhan (1911–1980), que nos legou a frase:

"O homem cria tecnologias e as tecnologias recriam o homem."

Não podemos continuar acreditando que temos uma cultura, e sim uma Tecnocultura, que é a junção natural de:

> Tecnologias: criadas, massificadas e alteráveis no tempo, pela influência de novas ideias.

PARTE II — Entendendo a nova Civilização 2.0

> Ideias: criadas, massificadas e alteráveis no tempo, pela influência de novas tecnologias.

Como vemos a seguir:

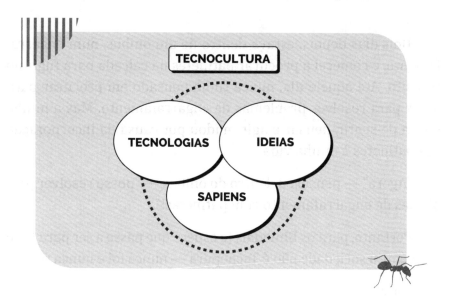

Notem que qualquer ação humana ocorre a partir da capacidade do sapiens de sentir, pensar e agir dentro de ambientes tecnológicos.

Não existe nenhuma possibilidade de sentimento, pensamento ou ação sem uma tecnologia envolvida, pois tudo o que podemos ou não fazer depende, de alguma maneira, das tecnologias disponíveis.

O próprio pensamento é feito de palavras, que são linguagens criadas pelo sapiens — ou seja, um tipo de tecnologia.

Vamos a um exemplo:

Com a explosão do uso de patinetes nas grandes cidades, criei uma conta num dos fornecedores disponíveis, baixei o aplicativo e fiz minha estreia nesse novo equipamento.

Passeei, gostei e me diverti.

Dois dias depois, estava dentro de um ônibus, num engarrafamento, e comecei a procurar patinetes na calçada para fugir do trânsito. Até aquele dia, nunca tinha pensado em procurar patinetes para resolver problemas de engarrafamento. Mas a minha forma de sentir, pensar e agir mudou por causa da incorporação dos patinetes à minha vida.

"Agora" — pensei eu dentro do ônibus — "posso resolver problemas de engarrafamento com patinetes!".

Portanto, para os Bimodais (e espero que passe a ser para você também), a sociedade não é Tecnopura — nunca foi e nunca será!

Fato:

> ➤ Somos humanos porque somos tecnológicos.
> ➤ E só somos tecnológicos porque somos humanos!

Vejamos a figura a seguir, que compara a visão tradicional com a dos Bimodais:

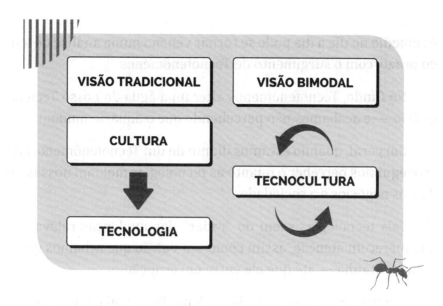

Somos uma "Tecnoespécie" que vive em um "Tecnoplaneta":

> Se não houver tecnologias, não há por ali nenhum sapiens.
> Se houver tecnologias, é sinal de que houve (ou há) um sapiens por ali.

A frase do Tecnopensador americano Alan Kay exemplifica bem nossa relação mal resolvida com as tecnologias: "A tecnologia só é tecnologia para quem nasceu antes de ela ter sido inventada".

Podemos dizer que o peixe não tem noção da água da mesma forma como não temos noção das tecnologias, que se tornam invisíveis em nosso "aquário".

Porém, se ocorre uma mudança na água, tudo no aquário pode ser alterado por alguma coisa — que ninguém antes imaginava ser possível.

Ignorar as tecnologias antigas é uma forma inteligente de economizar energia cerebral no cotidiano. No entanto, aquilo que é remédio no dia a dia pode se tornar veneno numa análise de longo prazo, com o surgimento de Tecnofenômenos.

No fundo, Tecnofenômenos alteram a água do nosso Tecnoaquário — e acabamos não percebendo que o aquário mudou!

Em geral, quando estamos diante de um Tecnofenômeno, não conseguimos perceber o quanto as tecnologias moldam nossas vidas, os negócios e a sociedade.

Tais tecnologias saem do "radar" das mudanças relevantes que merecem atenção, assim como um vulcão que achamos que é uma montanha — até que ele entre em erupção.

Dentro dessa nova relação sapiens–Tecnologia, é fundamental perceber que as Tecnologias abrem possibilidades e ampliam o Tecnoaquário, para que a sociedade se permita fazer coisas que antes não podia, mas bem queria fazer.

Novas tecnologias não causam impacto direto na sociedade, mas, sim, abrem oportunidades que podem ser aproveitadas por empreendedores para transformar antigas demandas em produtos e serviços.

Vejamos um exemplo recente no Brasil.

Em 2013, as tecnologias não foram para as ruas pedir mudanças nas manifestações em diversas cidades brasileiras.

Naquele ano, milhões de jovens conectados por meio de mídias digitais se organizaram de forma completamente diferente para fazer suas manifestações de rua.

Os jovens passaram a não precisar mais dos antigos intermediadores para se manifestar: sindicatos, partidos e os respectivos carros de som.

PARTE II — Entendendo a nova Civilização 2.0

Desse modo, não foram os smartphones que fizeram aquelas manifestações.

O Digital abriu a "Tecnopossibilidade" (antes impossível) de organizar protestos via mídias digitais.

Antes dos smartphones, era inviável convocar e organizar protestos de rua — pois, acima de tudo, era muito caro.

É bom lembrar que *não* foram as novas possibilidades tecnológicas que motivaram as reivindicações, e sim as necessidades político-sociais que, com as novas tecnologias disponíveis, "saíram do armário".

O que os smartphones permitiram foi derrubar os custos das manifestações e abrir um "Vácuo Tecnocultural" para que elas se tornassem possíveis.

Ao serem inventadas e disseminadas, as tecnologias permitem ao sapiens fazer:

- O impossível.
- O pouco provável.
- O inacessível.
- O que ainda era muito caro.

Elas ampliam nossos limites até então intransponíveis e provocam o desejo de alcançá-los, pois:

- Não podíamos ir à Lua, mas agora podemos, só que ainda é impossível ir para outras galáxias. Quem sabe amanhã?
- Não podíamos voar, mas agora podemos, só que ainda é impossível realizar o teletransporte. Quem sabe amanhã?

Assim:

> Tecnologias criam "Tecnoambientes".
> E, dentro desses antigos e novos Tecnoambientes, o sapiens sente, pensa, age, sobrevive, vive e se reinventa.

Portanto, nós não habitamos o planeta como as outras espécies, e sim um Tecnoplaneta, com diversos Tecnoambientes espalhados pelo mundo, conforme o uso que cada um faz das antigas e novas tecnologias disponíveis.

Na verdade, o que novas tecnologias permitem é a expansão do Tecnoplaneta!

Outras espécies vivem em nichos ecológicos, dentro do planeta, e nós, dentro de um Tecnoplaneta *no* planeta. É uma espécie de "Tecnoaquário" em permanente expansão a cada nova tecnologia que surge e se massifica, como vemos na figura a seguir:

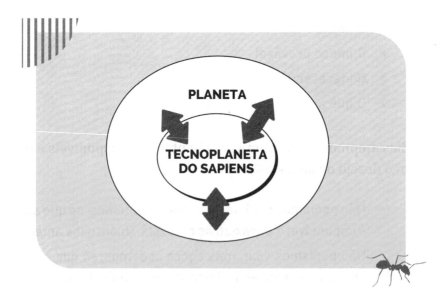

PARTE II — Entendendo a nova Civilização 2.0 37

Observe que:

> Um indivíduo sem celular numa ilha deserta tem uma limitação específica.
> O mesmo indivíduo com celular e sinal de internet tem outro tipo de restrição completamente diferente.

São dois Tecnoambientes possíveis na mesma ilha, dependendo das tecnologias que estão disponíveis para o sapiens que esteja perdido por ali.

Podemos projetar ainda momentos diferentes dessa história, na mesma ilha:

> Um náufrago há cem anos, perdido numa ilha, só poderia ser salvo se tivesse condições de escrever mensagens, dispusesse de garrafas e pudesse saber exatamente onde estava, com uma chance mínima de alguém o resgatar.
> Um náufrago hoje em dia, com celular via satélite, com a bateria carregada e GPS, seria resgatado provavelmente em poucas horas.

Novas tecnologias abrem e fecham portas para nós: há algo que passamos a fazer, e que antes não podíamos, algo que ainda não podemos fazer, por enquanto.

Vejamos a figura:

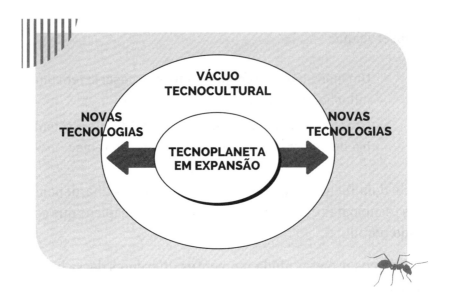

Pela ordem:

> Novas Tecnologias expandem o Tecnoplaneta.
> E, com elas, criam-se novos Vácuos Tecnoculturais.

Se analisarmos o Tecnoplaneta, ao longo do tempo, teremos algo deste jeito:

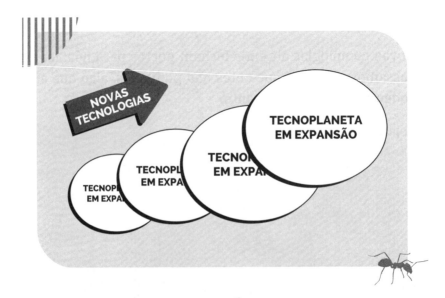

PARTE II — Entendendo a nova Civilização 2.0 **39**

Tecnologias fazem com que o sapiens tenha uma adaptação aberta e progressiva ao longo da nossa história, onde as Tecnobarreiras de hoje serão vencidas amanhã, e assim outras novas surgirão.

As tecnologias existentes definem a potência e a impotência humana — em relação àquilo que já podemos e àquilo que ainda não podemos fazer.

> ➤ Antes do avião, o ser humano era impotente para voar.
>
> ➤ Antes do foguete, o ser humano era impotente para sair do planeta.
>
> ➤ Antes do microscópio, o ser humano era impotente para enxergar e estudar os microrganismos.

Logo, quando analisamos os futuros desdobramentos das Revoluções Tecnológicas de Energia, do Transporte, da Medicina ou das Mídias, estamos procurando entender as novas possibilidades abertas a cada nova tecnologia, em cada um desses campos no curto, médio e longo prazo.

Dentro dos conceitos Bimodais, devemos colocar assim:

Qual é a Tecnopossibilidade aberta no Vácuo Tecnocultural do Tecnoplaneta com a chegada do novo Tecnofenômeno?

Que novo Tecnoplaneta passa a poder ser criado e antes não era possível? O que estamos aprontando desta vez?

Portanto, Tecnofenômenos são "abridores de demandas do sapiens" que estavam latentes sem a possibilidade de vir para fora e que agora, com as novas chances, passam a sair.

Tecnologias não inventam demandas, mas permitem que algumas necessidades possam se expressar de uma nova maneira.

A ideia de voar sempre houve, vide os desenhos de Leonardo da Vinci (1452–1519); assim como a de ir à Lua — vide Júlio Verne (1828–1905).

Mas nem tudo é incorporado:

> O Google, por exemplo, lançou em 2014 os óculos digitais, para permitir o acesso à informação através das lentes — mas eles não atenderam às demandas existentes e, por causa disso, não se popularizaram.

> O Second Life, criado em 1999, foi a proposta de criação de um mundo paralelo que todos iriam frequentar; muitas empresas abriram lojas por lá, mas isso também não caiu no gosto do público.

Tecnologias não criam demandas: precisam se harmonizar com elas, do contrário, podem até ser inventadas, mas não se massificam.

(Tecnologias que não se difundem podem ser chamadas de Projetos Tecnoculturais Não Populares — pelo menos, durante um período.)

Sendo assim, quando vamos projetar o futuro, é importante analisar as duas pontas:

> A demanda latente.

> A possibilidade que a tenologia traz para resolvê-la.

Vácuos Tecnoculturais abrem um espaço de negociação entre a demanda latente e as diferentes ofertas tecnológicas disponíveis.

PARTE II — Entendendo a nova Civilização 2.0   41

Como vemos na figura:

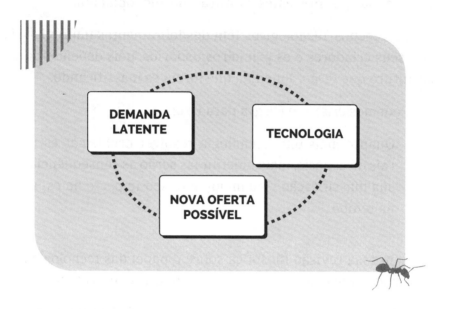

Novas tecnologias não vêm apenas para melhorar o que existe, mas também para permitir a criação de algo que não existia, pois antes não havia a Tecnopossibilidade.

Diante disso, quando estudamos Fenômenos Tecnológicos, estamos nos referindo a três movimentos distintos:

> ➤ Uma nova tecnologia abre uma "porta para um novo quarto" (um novo Tecnoplaneta possível).
> ➤ Um novo "quarto" permite uma série de novas formas de sentir, de pensar (conceber o novo Tecnoplaneta) e de agir (criar projetos que consigam aliar as demandas latentes com novos produtos e serviços).
> ➤ Traz novas paredes, representando aquilo que ainda não conseguimos fazer (os limites do novo Tecnoplaneta, que precisará mais adiante de novas tecnologias).

Consequentemente, os Tecnofenômenos dão início a uma série de mudanças, presentes e futuras, no Tecnoplaneta.

Fenômenos Tecnológicos têm desdobramentos imprevisíveis para seus criadores e os primeiros usuários, pois dependerão do uso futuro que terão, à medida que forem se massificando.

Podemos criar uma regra para isso:

Quanto mais uma tecnologia resolver problemas estruturais da espécie, mais indefinidas serão as consequências de sua massificação — e maior será seu impacto no espaço e no tempo.

Sem essa revisão filosófica sobre o papel das tecnologias na sociedade, é *impossível* entender o que o futuro nos reserva.

A partir disso, é hora de entender o que são Tecnofenômenos Midiáticos e porque eles são os mais importantes na Macro-história do sapiens.

Vamos lá!

2.3 Entendendo Tecnofenômenos Midiáticos

"O meio é a mensagem."
— Marshall McLuhan

Assistimos hoje à chegada e à massificação de um *tipo específico* de nova tecnologia. Não é uma tecnologia qualquer, mas a *mais importante* para o sapiens: as mídias, as *tecnologias centrais*.

PARTE II — Entendendo a nova Civilização 2.0

Mídias condicionam a forma como iremos:

- Nos comunicar.
- Nos informar.
- Conhecer a nós mesmos, os outros e a realidade.
- Interagir.
- Decidir.

Mídia é aquilo que está no meio — entre um sapiens e outro, ou entre o sapiens e a realidade.

Por causa disso, Tecnofenômenos Midiáticos são aqueles que abrem as maiores Tecnopossibilidades de mudança na sociedade.

Esse movimento é o mais relevante e impactante de todos os Tecnofenômenos possíveis dentro da nossa sociedade.

Por isso, podemos denominar as Mídias como sendo as Tecnologias Centrais, definindo as demais como Periféricas — sem exceção. Vejamos a diferença:

- Tecnologias Periféricas: transporte, de energia, médicas etc.
- Tecnologias Centrais: as Mídias que nos abrem a possibilidade de criar Tecnologias Centrais e Periféricas, pois são elas que lidam com a informação e o conhecimento, influenciando nossa capacidade de pensar, aprender, ensinar, comercializar, negociar, agir, decidir, inovar etc.

Vejamos a diferença, representada na figura a seguir:

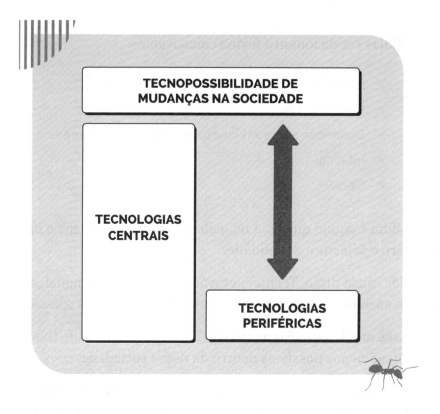

Assim, podemos afirmar que:

> A chegada e a massificação de novas Tecnologias Periféricas abrem possibilidades de mudanças conjunturais e localizadas na sociedade.

> A chegada e a massificação de novas Tecnologias Centrais abrem possibilidades estruturais e globais na sociedade.

Vejamos dois exemplos:

> Tecnologias Periféricas (Conjunturais/Localizadas): o aparelho de raio X, inventado no fim do século XIX, é uma Tecnologia Periférica que abriu possibilidades conjunturais no Tecnoplaneta, na medida em que ficou limitado ao

uso da medicina. Afinal, não podemos dizer que o raio X inaugurou uma nova Era Civilizacional.

➤ Tecnologias Centrais (Estruturais/Globais): a chegada da oralidade há 70 mil anos pode ser caracterizada como uma Tecnologia Central, ao passo que abriu possibilidades estruturais e globais para o sapiens. A partir da oralidade, surgiram as aldeias, a domesticação de animais e a agricultura.

Vejamos a comparação no gráfico a seguir:

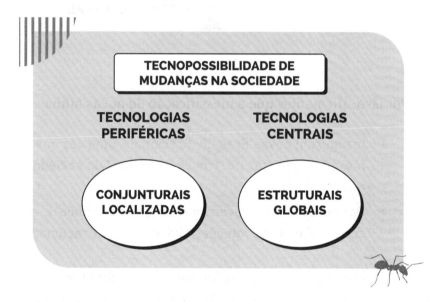

Para efeito de comparação:

➤ Tecnologias Periféricas: constituem os "galhos" do nosso Tecnoplaneta.
➤ Tecnologias Centrais: constituem o "tronco".

Como vemos a seguir:

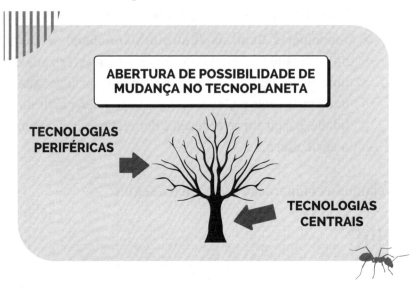

Por isso, afirmamos que a massificação de novas Mídias:

> Inauguram novas Eras Civilizacionais, uma vez que promovem mudanças no "tronco da árvore" da sociedade, e não "nos galhos";
> Por causa disso, provocam alteração no "tronco" e, como consequência, Revoluções Midiáticas Civilizacionais.

A Escola de Comunicação de Toronto, especialista no assunto, dedicou várias pesquisas sobre o tema. Entre as mais conhecidas, estão:

> Revolução da Escrita na Grécia — Eric Havelock.
> Influência das Mídias na Economia Canadense — Harold Innis.
> Chegada da Prensa e Meios Eletrônicos de Massa — Marshall McLuhan.

PARTE II — Entendendo a nova Civilização 2.0

> Mudanças Civilizacionais a partir do Digital — .

Há vários outros autores (ver na Bibliografia Bimodal Complementar) que estudaram e estudam as mudanças das mídias e as respectivas possibilidades abertas no Tecnoplaneta ontem e hoje.

(Fiz um bom detalhamento desses autores na minha tese de doutorado "Macrocrise da informação digital: muito além das explosões informacionais", no capítulo "As macrocrises na História", dentro do curso de Ciência da Informação no IBICT/UFF. Há uma referência da tese na Bibliografia Bimodal recomendada.)

Infelizmente, os autores contemporâneos que estudam o Digital geralmente:

> Não recorrem ao passado.
> Os poucos que o fazem se equivocam na natureza do Tecnofenômeno, não chegando ao Tecnofenômeno Midiático.
> Os raríssimos que recorrem à história comparam o atual momento com o de outras Revoluções, tais como as Industriais, e não Tecnomidiáticas.

Por mais que um pesquisador seja sagaz, é impossível extrair de um único fenômeno tudo o que se pode analisar na comparação de vários deles.

Vejamos:

> Revoluções Midiáticas Civilizacionais são provocadas pela chegada e massificação de novas Mídias, as Centrais, com influência estrutural e global.

- ➤ Tecnofenômenos Midiáticos são recorrentes e acontecem em longos ciclos, devido aos efeitos estruturais na sociedade.
- ➤ No passado, elas eram mais espaçadas (milenares ou seculares), mas a frequência vem encurtando cada vez mais com o passar dos séculos, passando (como agora) a ter intervalos reduzidos a décadas.

Analisemos algumas mudanças na forma como interagimos ao longo da história em Fenômenos Tecnomidiáticos:

- ➤ Interação por gestos (primórdios) — início da nossa presença na Terra, que permitiu a criação dos primeiros grupos nômades.
- ➤ Interação oral (há 70 mil anos) — que permitiu a criação das primeiras aldeias, detalhado no livro *Sapiens*, de Yuval Harari, que a chamou de "Revolução Cognitiva";
- ➤ Interação por meio da escrita manuscrita (há 8 mil anos) — que permitiu o surgimento das religiões monoteístas e dos grandes impérios.
- ➤ Interação por meio da escrita impressa (há 550 anos) — que permitiu a chegada da República e do sistema de livre mercado, ou seja, da chamada "Sociedade Moderna".
- ➤ Dos meios eletrônicos de massa (há 150 anos) — que permitiu a consolidação do sistema de livre mercado e a República e nos trouxe até o pré-digital;
- ➤ Do digital (há 50 anos) — que tem nos permitido o início da chegada da Civilização 2.0.

Assim, parece autoevidente que existem mudanças recorrentes nas Mídias ao longo da história. E que tais recorrências têm

PARTE II — Entendendo a nova Civilização 2.0 49

como desdobramento transformações estruturais na forma como organizamos a sociedade.

Por exemplo, os historiadores estabelecem a chegada da Sociedade Moderna a partir de 1453:

> O acontecimento conhecido como "Queda de Constantinopla", ocorrido em 29 de maio de 1453, é tão importante para a história mundial que foi eleito por historiadores do século XIX como aquele que encerrava o período histórico da Idade Média e, por conseguinte, dava início à Idade Moderna (https://brasilescola.uol.com.br/historiag/queda-constantinopla-1453.htm).

Em 1450, no mesmo período, o inventor alemão Johannes Gutenberg (1396–1468) lançou a prensa, base para que a informação (agora impressa) se propagasse na Europa.

Na sequência, houve um Renascimento em todo o continente:

- Registra-se que, por volta de 1600, academias haviam sido fundadas e poderiam ser encontradas por toda a Europa, de Portugal à Polônia, sendo 400 delas só na Itália.
- No século XVII, cerca de 3 ou 4 milhões de almanaques foram impressos na Inglaterra e quase 2 milhões de cópias circularam em Veneza, resultando na produção de mais de 16 mil títulos com 18 milhões de cópias na Europa, feitos por cerca de 500 editores.
- Em 1455, todos os livros impressos na Europa poderiam ser carregados em um vagão simples. Cinquenta anos depois, os títulos chegaram a dezenas de milhares, e os exemplares, a milhões.

(Ver detalhes na minha tese de doutorado.)

Do ponto de vista lógico, é possível afirmar que:

> A queda de Constantinopla (um acontecimento local, ligado ao passado) fechou um ciclo, mas não foi a causa da nova "etapa" que surgiu.

> O surgimento da prensa abriu inúmeras Tecnopossibilidades, iniciando um verdadeiro Renascimento civilizacional.

(É preciso fazer uma revisão dos paradigmas teóricos com que os historiadores analisam a influência das mídias, em geral, e a sociedade moderna, em particular.)

Diante dessas evidências, podemos concordar com a tese de Pierre Lévy de que a cada uma dessas mudanças nas Tecnologias Centrais, o sapiens inaugura uma nova Era Civilizacional, com diferentes características.

Ou como afirma também o Tecnopensador norte-americano Clay Shirky:

*"Mudou a comunicação,
mudou a sociedade."*

Assim, há uma relação evidente entre Novas Mídias e Novas Eras Civilizacionais.

Portanto:

PARTE II — Entendendo a nova Civilização 2.0

> A chegada e a massificação de novas Tecnologias Midiáticas constituem um Tecnofenômeno particular diferente dos demais, na medida em que abre novas eras civilizacionais, que podemos chamar de Revoluções Midiáticas Civilizacionais.
> Não é a primeira vez que isso acontece, não como sendo um Fenômeno Social Único, pois são Recorrentes;
> Quando surgem, provocam profundas mudanças civilizacionais, ao passo que modificam o "tronco" da sociedade, por se tratar de Tecnologias Centrais.

Sem essa revisão filosófica do papel dos Tecnofenômenos Midiáticos na sociedade, também é *impossível* entender o que o futuro nos reserva.

A partir dessa importante revisão filosófica, está na hora de entender as "duas pernas" dos Tecnofenômenos Midiáticos: a diferença entre canal e linguagem — e assim compreender como cada uma delas abre perspectivas diferentes para o futuro.

Vamos?

2.4 Tecnofenômenos Midiáticos: a diferença entre canal e linguagem

Em todas as Revoluções Midiáticas Civilizacionais sempre tivemos um duplo alicerce (duas pernas), que mantém a mídia "em pé" e "caminhando".

São eles:

> Canais: meios para codificar e decodificar mensagens e transmitir os códigos, ou seja, a linguagem.

> Linguagem: códigos que usamos para nos entender uns com os outros.

Podemos visualizar a seguir as "duas pernas" de um Tecnofenômeno Midiático:

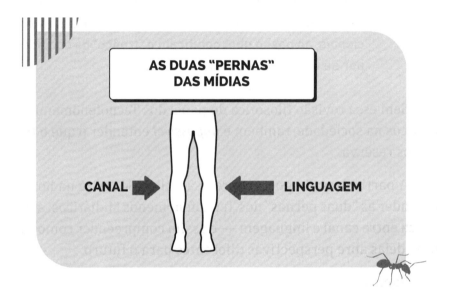

Há Tecnofenômenos Midiáticos que:

> Introduzem novos Canais, como foi a chegada da prensa em 1450, que permitiu que a Linguagem Escrita pudesse ser disseminada, mas não introduziu uma nova linguagem;.

> Ou introduzem novas linguagens, como foi a chegada da oralidade, quando passamos a utilizar a boca e as palavras para sofisticar o modelo anterior de comunicação, que era por meio de gestos.

Vejamos, na tabela abaixo como foi a variação desses dois alicerces (Canal e Linguagem) com o advento de novas Mídias ao longo da Macro-história e como podemos conceituar as diferentes civilizações a partir delas:

TABELA DAS MUDANÇAS DAS DUAS "PERNAS" DAS MÍDIAS (CANAL E LINGUAGEM) NA MACRO-HISTÓRIA E AS ETAPAS CIVILIZACIONAIS			
MÍDIA/ÉPOCA	CANAL	LINGUAGEM	CIVILIZAÇÃO
GESTOS	MÃO	GESTOS	1,0
ORALIDADE/ 70 MIL ANOS	BOCA	PALAVRAS	1,1
ESCRITA/ MANUSCRITA/ 8 MIL ANOS	PAREDE, PEDRA, PAPIRO, PAPEL	PALAVRA ESCRITA	1,2
ESCRITA/ MANUSCRITA/ 570 ANOS	PAPEL IMPRESSO	PALAVRA ESCRITA	1,3
MEIOS ELETRÔNICOS DE MASSA/150 ANOS	RÁDIO, TV, CINEMA, JORNAIS DE GRANDE CIRCULAÇÃO	GESTOS, FALA, PALAVRA ESCRITA	1,4
DIGITAL, NA FASE DA DIGITALIZAÇÃO/ 50 ANOS	APARELHOS DIGITAIS	GESTOS, FALA, PALAVRA ESCRITA	1,5
DIGITAL, NA FASE DE UBERIZAÇÃO	APARELHOS DIGITAIS	GESTOS, FALA, PALAVRA ESCRITA E RASTROS, PERMITINDO O SURGIMENTO DO UBER	2,0

Podemos verificar a seguinte regra:

*Os canais sempre são alterados,
mas as linguagens nem sempre.*

O que fica de importante para aprendermos com o passado é que as Tecnopossibilidades abertas pelas novas Mídias precisam ser vistas separadamente, pois cada "perna" gera tendências futuras diferentes.

Canais permitem um tipo de novas Tecnopossibilidades para o Tecnoplaneta, já as linguagens, outro.

(Quando analisarmos a Civilização 2.0, veremos o quanto isso ajudará e fará diferença.)

Observemos, em linhas gerais, o efeito que temos:

> ➤ Novos Canais Midiáticos: permitem basicamente o envio de mensagens, quebrando as antigas barreiras de tempo e lugar.
> ➤ Novas Linguagens Midiáticas: alteram a forma de codificação e decodificação das mensagens, permitindo-nos decidir com mais dados, influenciando a tomada de decisão conforme o tipo de linguagem de baixa ou alta complexidade. Isso tem uma forte influência na possibilidade de modelos administrativos mais sofisticados.

Vamos a alguns exemplos de novos Canais Midiáticos:

> ➤ Com o canal do papiro, foi possível levar para lugares distantes a palavra de Deus, por meio da Bíblia (livro

PARTE II — Entendendo a nova Civilização 2.0 55

traduzido para o latim). O monoteísmo é "filho" do livro manuscrito.

➤ Com o novo canal do papel impresso, as ideias de Lutero questionando a Igreja Católica provocaram a Reforma Protestante, que começou na Alemanha e se espalhou por todo o continente.

Vamos a alguns exemplos de novas Linguagens Midiáticas:

➤ Com a chegada da Linguagem Oral, que veio somar com a dos Gestos, conseguimos criar as aldeias, a agricultura e domesticar os animais, pois sofisticamos nossa capacidade de pensar, decidir e nos relacionar. Muito do que se conseguiu se deve ao fato de que a oralidade era muito mais aprimorada do que os gestos, em termos de mensagem e compreensão.

➤ Com a chegada da Linguagem Escrita, cada autor pôde ler e reler seu material, criando um diálogo interno (algo que a oralidade não permitia), ampliando a capacidade de refletir e gerar conceitos mais abstratos — o que permitiu ampliar nossa capacidade criativa e empreendedora.

No livro *Cibercultura,* Pierre Lévy nos traz uma boa dica para entender o modo como os Canais Midiáticos influenciam a sociedade:

➤ Um para um — duas pessoas conversando.
➤ Um para muitos — uma pessoa falando para várias.
➤ Muitos para muitos — quando há conversa de grupos.

As Revoluções Midiáticas nos permitiram ampliar essa possibilidade:

> A escrita possibilitou que o um para muitos fosse feito a distância com a massificação dos livros manuscritos e depois impressos (canais), bem como pelo rádio e pela TV.
> O telefone permitiu que o um para um fosse feito a distância com a massificação dos aparelhos cada vez mais aperfeiçoados, até a chegada dos smartphones.
> A internet permitiu que o muitos para muitos fosse feito a distância com a massificação dos canais digitais, como os grupos no WhatsApp.

Como vemos na figura a seguir:

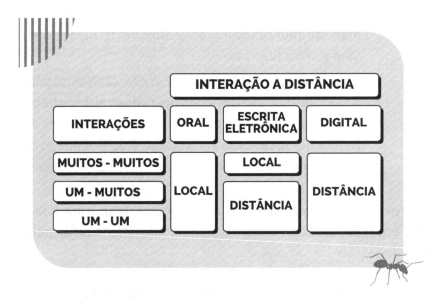

A cada uma dessas mudanças de canais, o sapiens passou a se comunicar gradativamente mais longe e a permitir interações a distância pouco a pouco mais aprimoradas.

Do ponto de vista dos canais, o Digital marca a possibilidade do muito para muitos, que no primeiro momento utilizou as linguagens que já existiam e depois, com a Uberização, obteve uma nova linguagem (veremos isso mais adiante).

Portanto:

> Mídias não são formadas por um bloco único, mas, sim, por meio de dois alicerces, com efeitos diferentes nas Tecnopossibilidades que se abrem.

> Canais permitem a quebra do tempo e lugar das interações humanas.

> Linguagens melhoram a forma da codificação e decodificação, permitindo modelos decisórios mais refinados.

> Não podemos abordar a chegada de uma nova mídia sem separarmos os efeitos da abertura do Vácuo Tecnocultural aberto pelos canais e depois pelas linguagens.

> Como temos agora intervalos menores entre Revoluções Midiáticas, a análise de canal e linguagem se torna vital. A Uberização, por exemplo, só pode ser analisada com a nova linguagem e a Blockchenização, a partir de um novo canal (veremos isso também com mais detalhes adiante).

Sem essa revisão filosófica do papel dos Alicerces dos Tecnofenômenos Midiáticos na sociedade, é *impossível* entender o que o futuro nos reserva.

Baseado nessa importante revisão filosófica, é hora de compreender com mais profundidade como o sapiens altera o Modelo de Administração, influenciando *todas* as organizações do mercado: entendendo a Complexidade Demográfica Progressiva.

Vamos?

2.5 Entendendo a Complexidade Demográfica Progressiva

Definidos o que são Tecnofenômenos Midiáticos e seus principais alicerces, é importante detalharmos agora o motivo de eles aparecerem de tempos em tempos.

Queremos defender aqui que eles são movimentos macrossistêmicos, espontâneos e recorrentes, que surgem para resolver problemas de sobrevivência diante do aumento da Complexidade Demográfica Progressiva.

Passamos hoje por um movimento na "placa tectônica do sapiens" para que possamos viver melhor.

O sapiens é a única espécie social que cresce demograficamente, pois consegue desenvolver novas tecnologias que lhe permitem lidar com uma complexidade cada vez maior.

> ➤ De maneira geral, as espécies sociais têm o Teto Demográfico Fixo, como é o caso dos elefantes, lobos e leões. Não conseguem passar de um determinado número máximo de membros;
>
> ➤ Espécies não sociais, como ratos e baratas, crescem demograficamente, mas não de forma grupal, sem interdependência entre os membros.

Para compreender o novo século, é preciso comparar a nossa forma de crescer com a das demais espécies para entender o nosso grande Tecnodiferencial.

Cabem aqui algumas perguntas relevantes para entendermos de onde viemos e para onde estamos indo:

PARTE II — Entendendo a nova Civilização 2.0 59

> Por que as outras Espécies Sociais não modificam a forma de comunicação, e nós sim?
> Por que lobos não podem aumentar o tamanho da alcateia, mas nós podemos?
> Como as formigas crescem demograficamente sem usar tecnologias?

As respostas vão nos ajudar *muito* a entender o novo século!

Vejamos:

> Ao longo do tempo, lobos e formigas não mudam a forma de interagir: são Espécies Sociais Genéticas.
> Os sapiens modificam a forma de interagir: somos uma Espécie Social Tecnogenética.

Analisemos os dois casos com mais detalhes:

> Espécies Sociais Genéticas: aquelas que vivem em grupos, que apenas alteram, em espaço muito longo de tempo, o modelo de sobrevivência de forma genética e conjuntural. Têm um Modelo Estrutural de Sobrevivência fixo, fechado e não progressivo.
> Espécie Social Tecnogenética: nós, sapiens, os únicos com esse modelo de sobrevivência no planeta. Dependemos também da interação para sobreviver — e conseguimos fazer isso, porque vamos aumentando a população e somos *obrigados* a alterar no decorrer do tempo o modelo de sobrevivência de forma Tecnogenética, através de Revoluções Midiáticas Civilizacionais. O sapiens tem um Modelo Estrutural de Sobrevivência Tecnogenético — variável, aberto e progressivo.

Os lobos e as formigas têm apenas recursos biológicos e nenhuma tecnologia de apoio. A forma de interação dos lobos e das formigas não é tecno — é genética!

Lobos e formigas não usam papel, caderno, lápis ou smartphone para interagir.

Lobos utilizam dos sons, e formigas, dos rastros — ontem, hoje, amanhã e para sempre.

Consideremos:

> ➤ Os modelos de interação e decisão são centrais para que as deliberações de sobrevivência sejam tomadas por todas as espécies.
>
> ➤ Quem não decide bem (seja lobo, formiga ou sapiens) não sobrevive, ou não sobrevive adequadamente.

Quando combinamos interação e decisão, podemos dizer que temos um Modelo Estrutural de Sobrevivência de cada uma das espécies. Isso define o modelo de interação, o das decisões, e, por sua vez, o Teto Demográfico possível de cada espécie.

Vejamos:

> ➤ Modelo: maneira como determinada Espécie Social enfrenta o problema da sobrevivência, composta de interação/comunicação e decisão/administração.
>
> ➤ Estrutural: aquilo que é central, pertencente à essência do Modelo, não se altera; é o "tronco" de cada espécie (como ela se comunica e como decide).

PARTE II — Entendendo a nova Civilização 2.0 61

> Sobrevivência: ações realizadas pela espécie social, de forma obrigatória, para se manter viva com a melhor qualidade possível.

Há milênios os lobos praticam um Modelo Estrutural de Sobrevivência Genético com a Interação Sonora (por sons) e tomam decisões a partir de um líder alfa (Hierarquia Fixa Vertical), como vemos na figura a seguir:

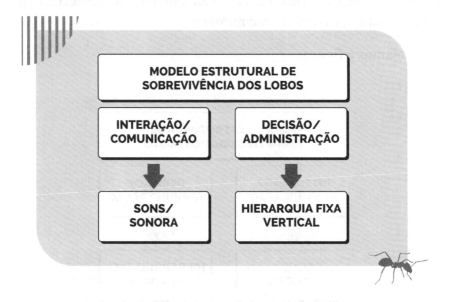

A "civilização" dos lobos é estruturalmente fixa: não altera a forma de interagir e decidir, pois é genética, "Tecnopura", na medida em que não utiliza tecnologia.

De acordo com um problema específico de cada alcateia, pode haver variações conjunturais, mas o Modelo Estrutural de Sobrevivência não se altera — está "embutido" na genética.

Por terem o Modelo Estrutural de Sobrevivência Genético, lobos têm um Teto Demográfico Máximo em torno de cinquenta membros.

O Modelo Estrutural de Sobrevivência dos lobos é harmônico, ao passo que a Complexidade dos Problemas Cotidianos enfrentados é compatível com o Teto Demográfico Máximo.

Assim concluímos que alcateias têm em torno de cinquenta membros e nunca passam disso, pois não podem crescer! São geneticamente limitados a esse número.

Vejamos a figura:

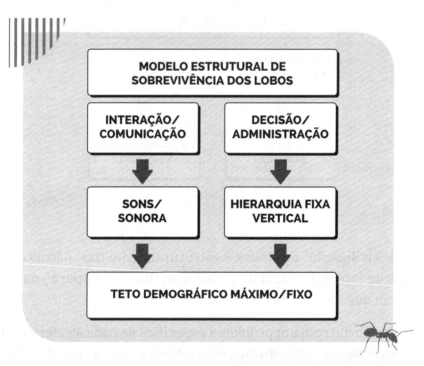

Na alcateia, há uma harmonia da sobrevivência entre a forma como eles interagem e decidem e o número máximo de membros do grupo.

Resumido na figura a seguir:

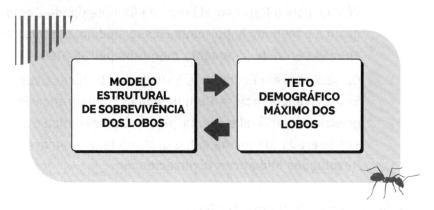

Quando passam do Teto Demográfico Máximo, as alcateias se dividem, pois não conseguem alterar as Bases Estruturais do Modelo de Sobrevivência.

Tanto a forma como se comunicam quanto a forma como decidem são sempre as mesmas, por isso não podem aumentar o número de membros.

Um líder alfa dos lobos só se "responsabiliza" por cinquenta deles. Quando passa disso, a alcateia procura uma forma qualquer para manter o Teto Demográfico Máximo e Fixo em tal patamar.

Se passar desse limite, a alcateia perde a sustentabilidade e seu Modelo Estrutural entra em entropia, pois não têm um Modelo Estrutural de Sobrevivência que o comporte.

A alcateia arranjará uma forma de manter o Teto Máximo — seja afastando alguns membros, seja se dividindo.

Vejamos agora uma comparação do Modelo Estrutural de Sobrevivência dos Lobos com o do sapiens:

> Os lobos têm Problemas Estruturais Fixos de Sobrevivência, pois o Patamar Máximo da Complexidade Demográfica é fechado e, por causa disso, podem administrar apenas cerca de cinquenta membros por alcateia.

> Os sapiens têm Problemas Estruturais Progressivos de Sobrevivência, pois a Complexidade Demográfica Progressiva é variável e aberta, pois é Tecnogenética e pode ser alterada (de forma estrutural) no tempo, através de Revoluções Midiáticas Civilizacionais.

A figura a seguir demonstra isso:

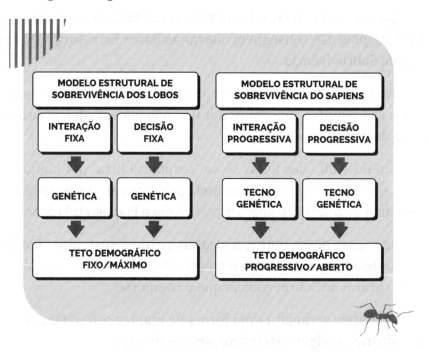

Olhemos o comparativo em detalhes:

> O líder alfa da alcateia, quando emite sons, precisa da proximidade física de todos os outros membros para

PARTE II — Entendendo a nova Civilização 2.0 65

>> deliberar e comunicar as decisões. Lobos não criam canais interativos — não fazem Revoluções Midiáticas Civilizacionais.

> O líder alfa tem uma capacidade específica de tomada de decisão para resolver o problema de algo em torno de cinquenta, e não de cem lobos, e não muda o modelo de administração, pois não faz Revoluções Midiáticas Civilizacionais.

> A alcateia depende do líder alfa para decidir: não confia na decisão dos pares, pois o Modelo Estrutural de Sobrevivência não foi feito dessa maneira, é fixo no tempo.

(Algum zoólogo poderá dizer que já viu uma alcateia de cem lobos, mas a mudança não terá sido por causa de uma nova tecnologia, e sim, digamos, em função de um compartilhamento da liderança em dois alfas, em casos muito particulares.)

O sapiens, portanto, é a única Espécie Social Tecnogenética que habita nosso planeta.

Se um disco voador descer na Terra, como acontece em muitos filmes, aquela espécie será também Tecno.

Por utilizar tecnologias (o disco voador) para chegar até aqui, esta seria a primeira vez que poderemos nos comparar com uma outra Tecnoespécie como nós, para então descobrir as diferenças.

Certamente, se forem tecnos, os aliens devem promover mudanças na comunicação/administração, caso aumentem o número de membros — já que são uma Tecnoespécie como nós.

Por causa de nosso modelo de sobrevivência Tecno, não temos Teto Demográfico Máximo ou Fixo — e por isso podemos praticar uma das sugestões da Bíblia: "Crescei e multiplicai-vos!"

Vejamos:

> Deus tinha acabado de terminar toda a Sua criação, concluindo com Suas obras-primas, o primeiro homem e mulher, quando disse-lhes que fossem fecundos e se multiplicassem (Gênesis 1, 28).

Nossa Espécie Social Tecnogenética pode aumentar o tamanho da população, porque o Modelo Estrutural de Sobrevivência é **Tecnocultural** — aberto e sujeito a mudanças estruturais.

Quando vamos aumentando a população, temos *obrigatoriamente* que fazer ajustes no nosso Modelo Estrutural de Sobrevivência.

Somos os únicos que podem e acabamos sendo *obrigados* a isso.

É uma questão de sobrevivência, tanto na tentativa de solução dos problemas de quantidade quanto na dos de qualidade.

Nossa Tecnossobrevivência nos permite aumentar a população, mas de tempos em tempos precisamos fazer uma série de ajustes no nosso Modelo Estrutural de Sobrevivência, que vai ficando desarmônico, à medida que nossa complexidade vai crescendo.

O Modelo Estrutural de Sobrevivência do sapiens deixa de ser Sustentável, e então diversos problemas quantitativos e qualitativos começam a surgir.

Temos complexidade demais e Modelo Estrutural de Sobrevivência de menos! Há demandas que não conseguem mais ser atendidas com qualidade.

PARTE II — Entendendo a nova Civilização 2.0 67

O sapiens passa a "bater" numa espécie de "muro" limitado pelas Mídias, que não permitem que possamos alterar de forma radical nosso Modelo Estrutural de Sobrevivência.

Nosso Tecnoplaneta vai ficando obsoleto para as novas demandas crescentes de mais gente.

Vejamos a figura:

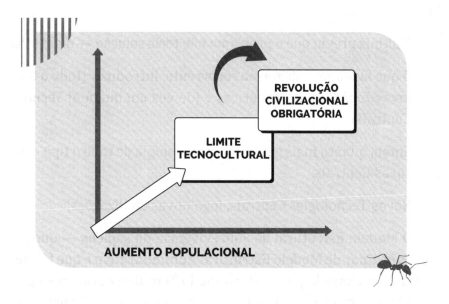

O aumento populacional vai criando uma desarmonia entre os três fatores estruturais:

> Interação/mídias.
> Decisão/modelo de administração.
> Teto demográfico progressivo e aberto, com cada vez mais gente.

Portanto, Thomas Malthus (1766–1834) estava certo ao afirmar que aumentos populacionais são fatores causantes de Macrocrises para o sapiens.

Todavia, Malthus errou ao não perceber a capacidade humana Tecnomutante de reinventar a Tecnocultura ao longo do tempo, adaptando o Modelo Estrutural de Sobrevivência aos novos Patamares Demográficos, através de Revoluções Midiáticas Civilizacionais.

Malthus previu que o problema não teria solução — mas tinha.

O que fazemos é, de forma recorrente: introduzir (todo o tempo) novas Tecnologias Periféricas e (de vez em quando) Tecnologias Centrais.

Então, quanto mais gente, mais tecnologia de todo o tipo —incluindo as Centrais.

Novas Tecnologias Centrais, logo novas civilizações!

O Modelo Estrutural de Sobrevivência do sapiens — que podemos chamar de Modelo Estrutural Administrativo e que foi sustentável no passado para determinado Teto Demográfico — precisa *obrigatoriamente* ser alterado, pois vai ficando obsoleto com o tempo.

O Aumento Populacional Progressivo que praticamos só é possível e viável na medida em que precisamos promover *obrigatoriamente* a alteração do Modelo Estrutural Administrativo.

A partir daí, temos essa seguinte distinção relevante entre nós e as outras Espécies Sociais. Vale a pena detalhar mais uma vez:

PARTE II — Entendendo a nova Civilização 2.0 69

> Lobos e outras Espécies Sociais Genéticas têm um Teto Demográfico Máximo, Problemas e Modelos Estruturais de Sobrevivência fixos, fechados e não progressivos;

> O sapiens, por ser uma Espécie Social Estruturalmente Tecnogenética, *não* tem um Teto Demográfico Máximo, mas em compensação tem Problemas de Sobrevivência e Modelo Estrutural de Sobrevivência variáveis, abertos e progressivos.

Vejamos a comparação na figura a seguir:

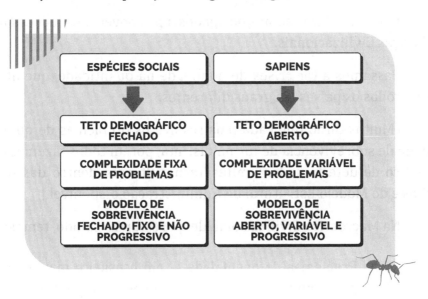

Reparem que *não* estamos afirmando que as outras Espécies Sociais não se modificam ou não têm problemas conjunturais para sobreviver.

Um incêndio, sem dúvida, criaria um aumento de complexidade de sobrevivência conjuntural para uma alcateia, assim como a escassez de caça.

O que estamos afirmando é que há uma diferença estrutural na forma como essas espécies se adaptam no tempo. No caso do sapiens, além das diferentes mudanças de contexto conjuntural que podemos enfrentar, temos uma característica particular:

Estruturalmente, nossos problemas de complexidade são progressivos!

Quando crescemos demograficamente, uma Macrocrise vai se formando, pois o Modelo Estrutural se torna incompatível com o Patamar Demográfico.

Por conta disso, somos obrigados a promover Revoluções Midiáticas Civilizacionais.

Passamos a ter crises de qualidade na quantidade, que afetam todos os países em graus diferentes.

(Muitos dirão que cada país resolve os problemas de qualidade de sobrevivência de forma distinta, porém todos fazem isso dentro de determinados limites Tecnoculturais, dentro das mídias e do Modelo Estrutural de Administração disponível.)

Na Macrocrise Civilizacional de que estamos saindo, temos:

> Problemas de quantidade — um brasileiro mais pobre passa meses para fazer um exame médico ou resolver um problema na justiça, pois as filas são um sintoma clássico da incapacidade do antigo Modelo para resolver os novos problemas de complexidade. Afinal, se temos mais gente, mas com a mesma forma de intermediação, haverá mais fila.

> Problemas de qualidade — um canadense, mesmo mais pobre para os padrões locais, terá provavelmente os problemas básicos de sobrevivência resolvidos, porém com

PARTE II — Entendendo a nova Civilização 2.0

poucas opções de uma série de produtos e serviços mais personalizados; na medida em que não disponham, por exemplo, de Uber, Airbnb, Youtube ou Mercados Livres para aumentar a taxa de diversidade.

Revoluções Midiáticas Civilizacionais abrem espaço para resolver o problema da quantidade com qualidade para todas as regiões de uma forma diferenciada, conforme a capacidade de inovação e adesão ao novo Modelo de cada uma delas.

O Modelo Estrutural de Sobrevivência do sapiens (que em 1800 funcionava para a Complexidade Demográfica de 1 bilhão de sapiens) já não funciona a contento, agora que chegamos perto dos 8 bilhões.

Há algo que precisa ser alterado estruturalmente — e este é o grande objetivo sistêmico de uma Revolução Midiática Civilizacional.

Nosso Modelo de Sobrevivência Tecnogenético, acreditem, fica obsoleto no tempo por causa do Teto Demográfico Progressivo.

- ➤ A história mostra que ampliamos nossa interdependência de sobrevivência com um número cada vez maior de regiões do planeta.
- ➤ Passamos a viver em megalópoles com problemas mais e mais complexos (vide a crise da pandemia do Coronavírus, que enfrentamos em 2020, enquanto esta versão deste livro foi escrita).

Portanto, por causa da Complexidade Demográfica Progressiva, somos obrigados a atualizar, de tempos em tempos, nosso Modelo Estrutural de Sobrevivência, mediante Revoluções Midiáticas Civilizacionais.

Sem essa revisão filosófica da relação sapiens/Demográfica/ Mídias, é *impossível* entender o que o futuro nos reserva.

Feito isso, é hora de entendermos com detalhes por que o atual modelo de sobrevivência da Civilização 1.0 "entortou".

Vamos?

2.6 Entendendo por que o atual modelo de sobrevivência da Civilização 1.0 "entortou"

O Modelo Estrutural de Sobrevivência de qualquer Espécie Social, incluindo a do sapiens, tem três alicerces, ou lados, que podemos chamar de "Triângulo" da Sobrevivência.

> ➤ Base: Teto Demográfico/Complexidade dos Problemas.
> ➤ Lado esquerdo: Modelo de Interação/Comunicação/ Informação.
> ➤ Lado direito: Modelo de Decisão/Administração/Organização da espécie.

Vejamos a figura:

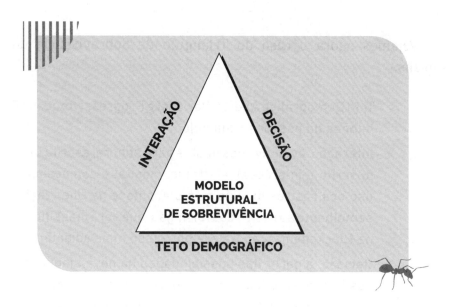

Passemos a analisar o Triângulo de Sobrevivência dos lobos:

> Base (Teto Demográfico Fixo): cinquenta membros.
> Lado 1 (Interação): sonora.
> Lado 2 (Decisão): através de um líder alfa.

Vide a figura a seguir:

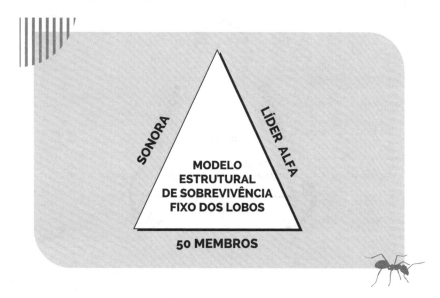

Vejamos agora o caso do Triângulo de Sobrevivência do sapiens:

> Teto Demográfico Aberto, Variável e Progressivo: quase 8 bilhões de pessoas e subindo.
> Interação: evolutiva dos gestos para sonora, escrita (manuscrita e impressa), eletrônica, digital e começando o uso dos rastros digitais, como acontece na Uberização, semelhante ao rastro das formigas, que será massificada na Blockchenização (falaremos disso mais adiante).
> Decisão: a partir das possibilidades da nova Linguagem dos Rastros Digitais, que nos permitem promover a Administração por Rastros (falaremos disso mais adiante), atualmente ainda é feita por meio de Gestores (modo lobo), que iniciam o uso de Curadores (modo formigas) e líderes contextuais.

Avaliemos a figura a seguir:

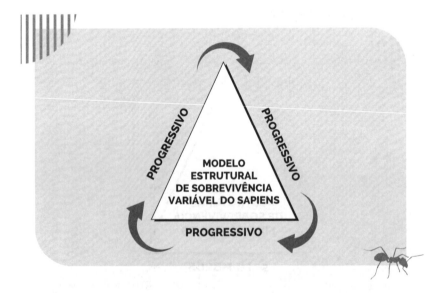

PARTE II — Entendendo a nova Civilização 2.0 75

O Triângulo de Sobrevivência do sapiens, então:

> Fica obsoleto.
> Fica desarmônico.
> Passa a *não* conseguir mais lidar com o novo Patamar Demográfico existente, que é progressivo.
> O Teto Demográfico, que vai sendo formado, passa a ser incompatível com o modelo de interação e decisão que tínhamos antes.

Numa Macrocrise Estrutural de Sobrevivência, como a que estamos vivendo nos três últimos séculos (passagem de 1 para 8 bilhões de sapiens em 220 anos), ocorre uma desarmonia no Triângulo de Sobrevivência, como vemos na figura a seguir:

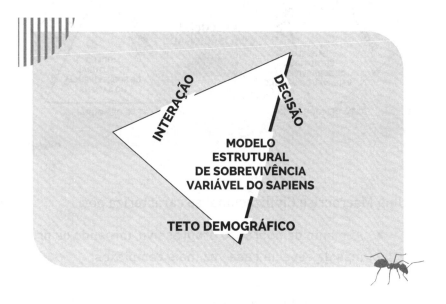

O aumento populacional vai "entortando" aos poucos o Triângulo de Sobrevivência.

Gradualmente, a Complexidade Demográfica Progressiva provoca uma desarmonia entre os lados do nosso Triângulo, que nos obriga, de tempos em tempos, a promover uma "desentortada estrutural", para que ele volte a ter certo equilíbrio.

Revoluções Midiáticas Civilizacionais são feitas justamente para iniciar um ajuste estrutural, sistêmico e espontâneo no Modelo Estrutural de Sobrevivência — que entra em Macrocrise Civilizacional, como vemos na figura do lado esquerdo:

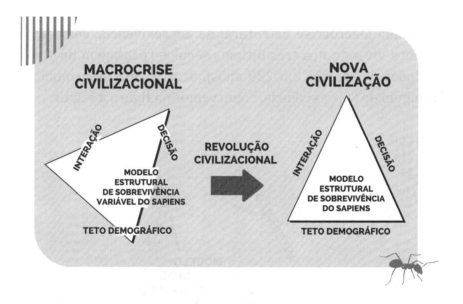

Uma Macrocrise Civilizacional se caracteriza por:

> Aumento demográfico progressivo, tornando os problemas da espécie cada vez mais complexos.
> Provocando a obsolescência gradual do Modelo Estrutural de Sobrevivência vigente e dando início à mudança, com a chegada de novas Tecnologias de Interação.

É fácil constatar a Complexidade Demográfica Progressiva do ponto de vista do impacto na sobrevivência para o sapiens — como podemos ver no exemplo recente do crescimento demográfico dos últimos 220 anos.

> Em 1800, 1 bilhão de sapiens exigiam a produção em torno de 3 bilhões de pratos de comida/dia, além de todo o resto.
> Em 2020, com quase 8 bilhões de sapiens, exige-se a produção de cerca de 24 bilhões de pratos de comida/dia, além de todo o resto.

Vejamos a figura:

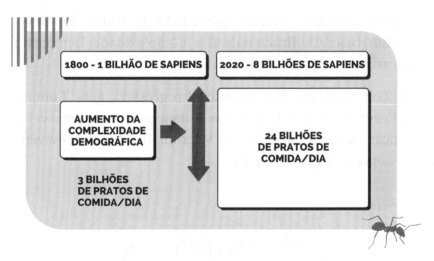

Esse aumento da complexidade dos problemas inclui ainda as demandas dos 8 bilhões de sapiens por: vestimenta, habitação, educação, comunicação, saneamento, mobilidade, energia, lazer e uma série de outros aspectos.

A Complexidade Demográfica Progressiva gera, portanto, um problema correlato de Complexidade Progressiva dos Problemas.

Sua demanda a longo prazo é alterar *obrigatoriamente* as Bases Estruturais da Sobrevivência.

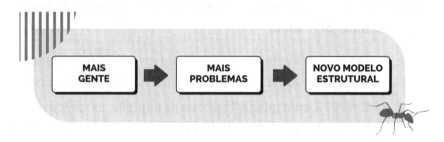

Problemas complexos vão se acumulando sem alternativa de solução no Modelo Estrutural de Sobrevivência antigo.

Assim, podemos afirmar que o Fator Causante das Revoluções Midiáticas Civilizacionais é a Complexidade Demográfica Progressiva.

A Complexidade Demográfica Progressiva gera Complexidade Progressiva dos Problemas e demanda indispensável por mudanças estruturais no nosso Macromodelo de Sobrevivência, como vemos na figura a seguir:

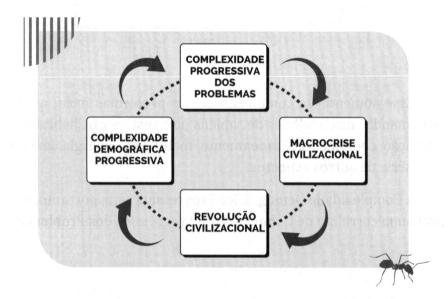

PARTE II — Entendendo a nova Civilização 2.0 79

Revoluções Midiáticas Civilizacionais podem ser explicadas da seguinte maneira:

> Por sermos uma Espécie Social Tecnogenética, podemos praticar a Complexidade Demográfica Progressiva, mas somos obrigados a promover alterações no Modelo Estrutural de Sobrevivência do sapiens.
> Por causa disso, somos impelidos a resolver novos e velhos problemas de sobrevivência de outra maneira, alterando a forma como interagimos e decidimos, por meio de novas Tecnologias Centrais.

Sem essa revisão filosófica da relação mídia/demografia/modelo estrutural de administração, seria *impossível* entender o que o futuro nos reserva.

Agora vamos entender por que a macrotendência do novo século é a Descentralização Progressiva, passando para a questão: por que o sapiens é obrigado a descentralizar as decisões ao longo da Macro-história?

Vamos?

2.7 Entendendo por que o sapiens é obrigado a descentralizar as decisões ao longo da Macro-história

"Quanto mais complexo o todo, mais dependemos da divisão de conhecimentos entre indivíduos."
— Friedrich Hayek

A chegada e a massificação de novas mídias dão início ao processo de mudança do Modelo Estrutural de Sobrevivência.

Nada na sociedade se modifica em níveis Macro e Estrutural enquanto *não* ocorrer a chegada de novas Mídias para inaugurar novas Eras Civilizacionais.

A impossibilidade de contarmos com novas Mídias impede a alteração do Triângulo de Sobrevivência do sapiens, como vemos na figura a seguir:

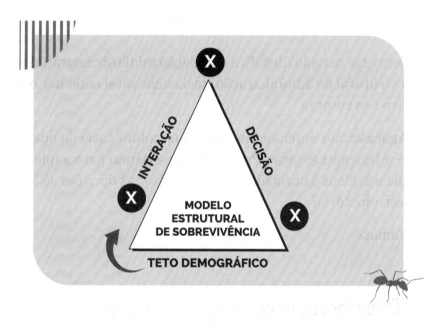

Temos um período de resolução dos problemas *dentro* do mesmo Triângulo de Sobrevivência, sem que possamos saltar para um novo.

Na figura anterior, observamos que as mudanças no Triângulo de Sobrevivência estão fechadas, pois tudo o que estamos fazendo para resolver as adversidades ocorre dentro do mesmo Tecnoambiente, limitado pelas mídias disponíveis.

Estamos resolvendo problemas de forma conjuntural, mas não estrutural, por falta de novas Tecnologias Centrais. Vejamos a figura:

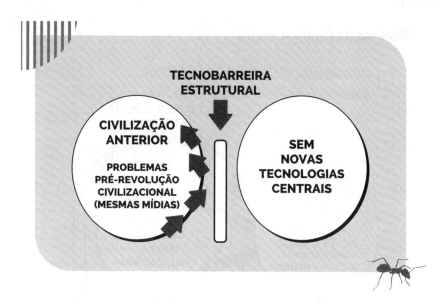

Na ilustração anterior, vemos que os problemas estruturais (nas setas que sobem) batem e voltam, já que não conseguem ser resolvidos. Isso acontece porque ainda não existem novas Tecnologias Centrais criadas para "quebrar" a antiga Tecnobarreira Estrutural.

As tentativas de solução dos problemas nas diferentes áreas da sociedade ficam restritas dentro das possibilidades do agir e pensar da Civilização 1.0.

Há um limite e uma incapacidade Tecnocultural da espécie humana para resolver diversos problemas complexos, pois não há novas ferramentas centrais que permitam que determinadas soluções possam ser criadas.

Tão logo aparecem, as novas Tecnologias Centrais permitem que os problemas complexos passem a ter novas soluções estruturais, quebrando a Tecnobarreira anterior e a colocando mais adiante.

Vejamos na figura a seguir:

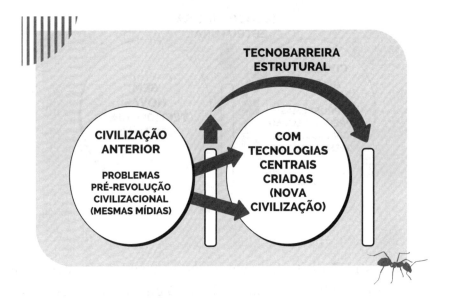

Vejamos a sequência:

> Sem novas Tecnologias Centrais, não se inicia uma nova Era Civilizacional.

> Sem uma nova Era Civilizacional, boa parte dos antigos e novos problemas complexos não têm solução adequada, em razão de eles estarem presos no mesmo Triângulo de Sobrevivência, que se tornou obsoleto.

> A chegada de novas Tecnologias Centrais traz a possibilidade de alteração do Modelo Estrutural e novas soluções para antigas demandas complexas, que estavam "no armário".

Esse é o primeiro passo na direção de uma mudança compatível com o novo Patamar de Complexidade, como vemos a seguir:

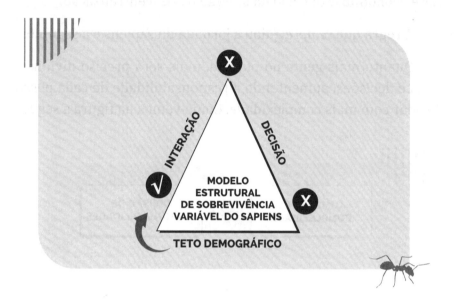

Novas formas de interação/comunicação abrem novas possibilidades de mudanças estruturais no Triângulo e, por causa disso, iniciamos um novo Ciclo Civilizacional.

Qual é a demanda?

Podemos dizer que a demanda é a Descentralização Progressiva.

Novas mídias mais sofisticadas permitem que cada sapiens ganhe mais capacidade informacional para refletir e agir com mais qualidade e passar a dividir a responsabilidade diante da complexidade gradativa.

A única forma que temos para lidar com mais complexidade é justamente dividindo a operação e a decisão dos problemas por um número cada vez maior de pessoas, reduzindo o poder de um centro determinado.

Com as novas Tecnopossibilidades Midiáticas, surgirão novos projetos nos negócios — projetos organizacionais, sociais, políticos e econômicos que vão na direção da descentralização.

A regra que *sempre* guiou a jornada do sapiens é a seguinte:

Quanto mais gente no planeta, mais será preciso dividir tarefas e decisões, aumentando a responsabilidade de cada pessoa de lidar com mais complexidade. Como vemos na figura a seguir:

Isso não é um discurso político liberal, nem uma proposta: é uma *obrigação* da espécie, e vem sendo utilizada ao longo da Macro-história.

Quando ocorre o aumento da complexidade, mas não há descentralização (ou há centralização em cima da complexidade), tribos, regiões, países e continentes entram em colapso.

Quem não segue a Macrotendência Tecnocultural da Descentralização vai, aos poucos, virando e/ou criando Zonas de Abandono. Além disso, assistem de fora ao desenvolvimento cada vez mais próspero das Zonas de Atração, que passam a aderir ao novo modelo mais descentralizado de operação e decisão.

Avaliemos:

> ➤ Zonas de Abandono: pessoas, organizações, países ou regiões que perdem valor, fazendo com que as pessoas queiram se demitir e/ou sair de lá.

PARTE II — Entendendo a nova Civilização 2.0 85

> Zonas de Atração: pessoas, organizações, países ou regiões que ganham valor, fazendo com que as pessoas queiram permanecer nela ou ir para lá trabalhar.

Consideremos um exemplo da Descentralização Progressiva:

Imagine o caso de uma mãe que adora mimar seu "filhinho" único de cinco anos. Um dia, ela resolve ter mais um filho, mas então acaba tendo trigêmeos.

A mãe faz tudo pelo primeiro filho:

> Passa xampu.
> Amarra o sapato.
> Faz questão de dar "comidinha" na boca.

Essa mãe superprotetora passa rapidamente de um filho "mimadão" para quatro.

Pode-se dizer que naquela casa ocorreu, num curto período, um aumento radical da Complexidade Demográfica — de uma para quatro crianças.

Agora:

> Já não são três pratos de comida por dia.
> Passam a ser doze pratos de comida por dia.

Qual é a saída para administrar a nova complexidade, se ela não pode contratar uma babá?

Dizer para os filhos ao longo do tempo:

"Se vira aí, pessoal!"

Então, cada filho (inclusive o primeiro) terá que assumir gradualmente mais responsabilidades para minimizar os problemas de complexidade, que foram gerados com a chegada dos trigêmeos.

Se a mãe não fizer isso, a única "alternativa" é: enlouquecer ou... enlouquecer.

Haverá uma divisão de tarefas *obrigatória*, pois cada criança terá que ajudar sempre mais, aprendendo a lidar com a nova complexidade.

O modelo "filho mimadão" não pode ser reproduzido pela mãe sozinha, visto que ele se tornou inviável.

Repare que aquela mãe não tem opção de fazer diferente — a não ser que contrate uma babá. Porque agora o tempo que ela dedicava a um único filho precisa ser multiplicado (ou melhor, dividido) por quatro.

Cada sapiens que nasce traz consigo uma maior complexidade para o mundo e isso precisa ser administrado pelas organizações produtivas de plantão.

Quando ocorrem explosões demográficas, tornam-se necessárias explosões descentralizadoras na mesma proporção para dividir a operação e a decisão.

O aumento demográfico cria matematicamente a impossibilidade de atender aos quatro filhos da mesma maneira com que se atendia o primogênito.

A mãe precisa descentralizar as tarefas e (querendo ou não) as decisões, para que o ambiente daquela casa volte a ser sustentável diante do novo Patamar de Complexidade.

Isso vale para a casa da mamãe superprotetora, e também para toda a espécie.

A partir dessa realidade, podemos estabelecer o seguinte:

Uma Tecnoespécie como a nossa que cresce demograficamente tem que necessariamente descentralizar as decisões, ao longo do tempo, para que possa dividir o fardo da Complexidade Demográfica Progressiva.

A mãe "mimadora" precisa obrigatoriamente descentralizar as atividades e passar a confiar na capacidade dos filhos de se "virar".

Revoluções Midiáticas Civilizacionais ocorrem para:

> Com novos Canais e Linguagens, "empoderar" o sapiens com mais informação.
> Assim, ele pode sentir, perceber, refletir, pensar e decidir com mais qualidade, diante de uma complexidade cada vez mais superior.

Pode haver regressão no processo de Descentralização?

Sim, pois na Micro e na Meso-história, em diferentes regiões do planeta, ocorrem iniciativas de não optar pela descentralização, preferindo a estagnação da descentralização já iniciada ou mesmo o retorno à centralização. Mas rapidamente essas regiões se tornam Zonas de Abandono.

Se formos analisar na Macro-história (milênios ou séculos), veremos que a Descentralização Progressiva faz parte dos movimentos essenciais, orgânicos, espontâneos e essenciais da espécie.

A cada nova Era Civilizacional, observamos mudanças Tecnoculturais (tecnologias e ideias) que viabilizam a descentralização, enfrentando e vencendo as barreiras de quantidade e qualidade.

Se a complexidade é progressiva, a descentralização também terá que ser progressiva!

Um ciclo completo de uma Revolução Midiática Civilizacional é aquele em que:

> Há o surgimento de novas Mídias.
> As novas Mídias se massificam e começam a alterar a forma como decidimos e administramos, gerando novas Zonas de Atração.
> Sempre com a adesão de mais áreas para o modelo, iniciando assim um novo Ciclo Demográfico.

Isso é elucidado na figura a seguir, em que todos os lados do Triângulo estão em movimento:

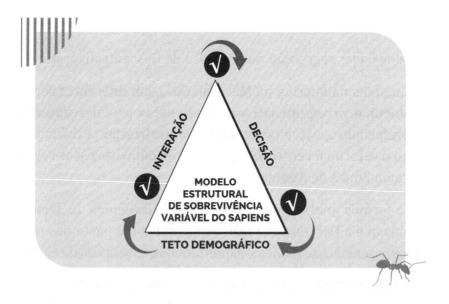

Portanto, a grande macrotendência do novo século é a Descentralização Progressiva da seguinte maneira:

PARTE II — Entendendo a nova Civilização 2.0   89

> As Mídias Digitais nos permitem estar mais informados, mais "empoderados" de informação.

> Com mais informação, passamos a tomar decisões melhores sobre os problemas, de uma forma diferente da que vínhamos fazendo.

> O surgimento de novas organizações, que já se utilizam das novas Tecnopossibilidades do novo Triângulo, permitirá um novo Ciclo Civilizacional.

> O novo Ciclo nos levará a um novo aumento demográfico, num movimento Espiral Civilizacional do sapiens.

O que vemos na figura a seguir é a Espiral Civilizacional:

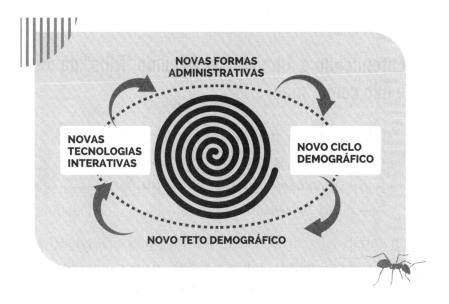

Uma Revolução Midiática Civilizacional terá como consequência alterações nas formas de Interação e Decisão, sempre numa direção:

> Da maior centralização para a descentralização.

> Da menor responsabilidade individual para a maior (o que implica em uma série de desafios emocionais e intelectuais, que veremos nos primeiros capítulos da Parte III).

Sem essa revisão filosófica da tendência à Descentralização Progressiva, será *impossível* entender o que o futuro nos reserva.

Depois dessa importante revisão filosófica, é hora de analisar como se dará a Descentralização Progressiva no novo século, por meio de mudanças administrativas. Para isso, é importante entender a Administração como "filha" da mídia, e não como "mãe".

Vamos?

2.8 Entendendo a Administração como "filha" da mídia, e não como "mãe"

> *"Nenhum problema pode ser resolvido a partir do mesmo nível de consciência que o criou."*
>
> — Albert Einstein

Certa vez, num workshop sobre Inovação para o novo século que promovi numa grande empresa, um dos alunos me perguntou:

"Com este projeto nós vamos fazer uma mudança na comunicação ou nos processos?"

PARTE II — Entendendo a nova Civilização 2.0 91

Só muito tempo depois, com muita reflexão, pude responder a pergunta com uma lógica diferente e de forma mais consistente.

Vejamos:

> Os processos administrativos são definidos pelo modelo de comunicação.

> Quando mudamos a comunicação, podemos alterar os processos administrativos de uma forma que não era realizável antes.

> Os processos administrativos são resultado das mídias disponíveis; são filhos dela.

Anote e coloque na frente da sua mesa de trabalho:

*A Mídia é a mãe da Administração,
e não o contrário!*

Talvez este seja um dos principais desafios filosóficos que precisamos superar para entender o novo século.

As organizações atuais, sua filosofia e seus processos, assim como a forma como organizamos a sociedade, são resultado direto das mídias disponíveis.

As mídias antigas impõem limitações aos administradores. As novas mídias permitem superá-las.

As organizações são estruturadas sobre uma plataforma filosófica midiática-administrativa, que até então é invisível. E, quando se transforma a mídia, essa plataforma também se altera.

Vejamos a figura:

Hoje, *todas* as organizações tradicionais trabalham em um ambiente condicionado pela Plataforma Filosófica Midiática Administrativa disponível. Observemos:

> Plataforma Midiática: Canais e Linguagens.

> Plataforma Administrativa: a filosofia administrativa criada a partir da plataforma midiática disponível.

> Organizações: aplicação da filosofia administrativa para a solução de problemas de sobrevivência.

Repare que as Organizações têm uma Filosofia Administrativa criada a partir das mídias que estavam à disposição.

Não é uma filosofia criada do nada, a partir do vazio: trata-se de um tipo de "sistema operacional" que "roda" sobre uma "placa-mãe" midiática.

PARTE II — Entendendo a nova Civilização 2.0

Hoje, o Gestor de uma Organização Tradicional decide por meio de Sons (oralidade e escrita) e pratica a Gestão, que chegou ao seu limite por causa do aumento da Complexidade Demográfica.

> ➤ O Gestor se informa por sons (áudio ou texto, via reuniões, memorandos, e-mails, telefonemas, websites).
> ➤ E informa o que decidiu por sons.

Vejamos:

> ➤ Para administrar, é preciso decidir.
> ➤ Para decidir, é preciso se informar.
> ➤ Para se informar, devem-se utilizar as mídias disponíveis, que são as ferramentas que permitem fazer isso.
> ➤ Informado, tomam-se decisões.
> ➤ Para transmitir as decisões, utilizam-se as mídias ao dispor.

Repare que todo o processo administrativo não é tecnomidiaticamente puro. Pelo contrário, é tecnomidiaticamente dependente.

Podemos dizer que a administração é toda "encapsulada" pelas Mídias — tanto para se informar quanto para decidir.

Repare agora o mais importante: encapsulados pela Mídia disponível, criamos uma Filosofia Administrativa do que é:

> ➤ De qualidade.
> ➤ Normal.
> ➤ Certo.
> ➤ "Sempre foi assim".

> "É assim que se faz".

No entanto, a Filosofia Administrativa é assim porque foi criada pelas Mídias Sonoras. Ou seja, é uma Filosofia Administrativa Sonora, que foi criada para que se gerem Organizações Sonoras.

Atualmente, Organizações Tradicionais operam sobre o Patamar Filosófico Midiático Administrativo Sonoro, que é chamado até aqui de Gestão.

(Gestão para os Bimodais não é sinônimo de Administração, mas de Administração Sonora.)

Não podemos dizer que a Administração é sinônimo de Gestão, pois "Gestão" é uma Filosofia Administrativa Midiática Conjuntural, criada nos últimos milênios em função das Mídias existentes, que agora estão recebendo um hiper "upgrade".

O que estamos promovendo neste novo século é uma alteração, na seguinte sequência:

> Primeiro: chegada e massificação de uma nova Plataforma Midiática.

> Segundo: a partir dela, a possibilidade do aparecimento de uma nova Plataforma Filosófica Midiática Administrativa.

> Terceiro: a partir das duas, o surgimento das novas Organizações 2.0 (uberizadas), que passam a operar tanto dentro de uma nova Plataforma Filosófica Midiática Administrativa, que é *incompatível* com a atual.

Como veremos na segunda etapa da Parte III, o desafio dos administradores é entender que a Filosofia Administrativa que eles seguem precisa de uma mudança disruptiva. Dessa forma, uma que avance de uma Filosofia Estrutural Administrativa para outra, operando agora com um modelo diferente. Precisam passar da:

> ➤ Plataforma Filosófica Midiática Administrativa da Gestão, ou seja, a Administração Sonora, que no passado permitiu a criação das Organizações Sonoras.

Para:

> ➤ Plataforma Filosófica Midiática Administrativa da Curadoria, ou seja, a Administração por Rastros, que agora permite a criação das Organizações por Rastros (uberizadas).

Sem essa revisão filosófica da compreensão da Administração e das Organizações de nova maneira, é *impossível* entender o que o futuro nos reserva.

E, após essa importante revisão filosófica, está na hora de analisarmos os detalhes da Administração/Organizações Sonoras, para em seguida compreendermos a nova Administração/Organizações por Rastros, no tópico "Entendendo a Administração Sonora".

Vamos?

2.9 Entendendo a Administração Sonora

A Administração Sonora foi a base organizacional estruturante da nossa espécie ao longo dos últimos milênios, mas se encontra em processo de obsolescência por causa do aumento demográfico dos últimos 220 anos.

A Administração Sonora é composta das possibilidades midiáticas que tínhamos dos sons (oral e escrito). Desta forma:

> Um cartório brasileiro define que uma determinada assinatura (escrita) é sua, ou que determinada cópia de documento (escrita) é fidedigna, e se responsabiliza pela decisão, validando com um carimbo num papel (escrita).

> Um chefe de restaurante autoriza de boca (oral) a comida que vai para a mesa dos clientes e se responsabiliza pela decisão.

> Um gerente de qualidade valida, por meio de um memorando (escrito), os produtos que serão enviados para a venda e se responsabiliza pela decisão.

Como se vê, temos atualmente um Modelo de Administração/Organizações Sonoras: as informações obtidas e as decisões proferidas utilizam Mídias Sonoras.

O cartório, o chefe de restaurante e o gerente de qualidade utilizam os sons (canais e linguagens) para se informarem e repassarem as respectivas decisões.

Ao receber informações sonoras (oral e escrita) emitem a decisão também por sons (oral e escritos).

> No caso dos cartórios e gerente de qualidade, por escrito.

> No caso do chefe de cozinha, de forma oral.

Como vemos na figura a seguir:

Essa é a base do Modelo Estrutural de Sobrevivência da Civilização 1.0, em que *todas* as organizações tradicionais baseiam suas atividades, porém agora passam a esbarrar nas limitações sonoras.

É preciso uma pessoa de carne e osso para decodificar as linguagens orais e escritas, que são de Alta Complexidade. Dessa forma, tudo tem que passar por essa pessoa, para que se tome qualquer decisão.

O Gestor, por mais capacitado que seja, tem uma limitação da quantidade de dados que pode processar, pois os sons demandam um tempo para:

> Ler e/ou ouvir.
> Refletir sobre o que se leu e ouviu.
> Decidir.
> Emitir a decisão, via sons (texto ou oral).

A Administração Sonora demanda um determinado tempo entre a informação e a decisão, dado que depende de alguém para processar os sons.

É uma Administração que basicamente depende do processamento de sons e, para isso, depende de um Gestor. Vejamos a figura:

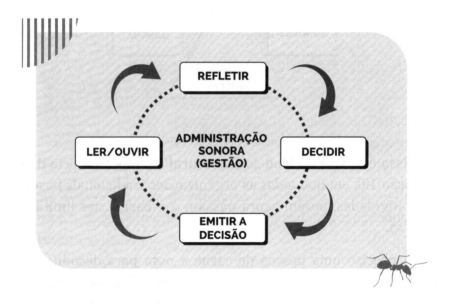

Há um determinado tempo de decisão da Administração Sonora que começa a ficar cada vez mais lento, à medida que a complexidade dos problemas vai aumentando.

O modelo da Administração Estrutural Sonora, baseado em sons, tem um limite de complexidade, pois há um intermediador que gasta um determinado tempo para decidir.

Até certo Patamar de Complexidade Demográfica, a Administração Sonora conseguiu resolver com alguma eficácia, mas a partir de uma determinada Taxa de Complexidade, começou a perder a capacidade de decidir com qualidade.

Os gestores passaram a ter muito mais informações — cada vez com mais decisões e menos tempo.

Inevitavelmente, o processo vai se tornando lento, e as tomadas de decisões ficam mais demoradas.

Os sintomas da perda de qualidade aparecem da seguinte maneira:

> Decisões lentas, que geram filas de espera.

> Decisões cada vez menos personalizadas para cada cliente.

Decisões precisam ser tomadas em maior quantidade, com mais dados, o que impede que elas tenham qualidade.

As decisões vão perdendo a eficácia.

A Macrocrise Administrativa que estamos passando não é um problema do Gestor, mas da Gestão: o modelo ficou obsoleto!

Vejamos um exemplo:

Digamos que um juiz brasileiro precise analisar uma quantia enorme de processos.

Eis o exemplo típico de um Gestor, que trabalha na Administração Sonora, que foi "abalroado" pelo salto demográfico brasileiro — de 30 para 210 milhões dos últimos 120 anos.

A maior parte das decisões judiciais depende de os juízes lerem, analisarem e decidirem sobre os processos. É o típico modelo da Administração Sonora.

Pela lógica do modelo, seriam necessários muito mais juízes do que antes para isso, mas o custo de tantas contratações torna isso inviável.

O custo/benefício da Administração Sonora vai ficando incompatível; o resultado é uma perda de qualidade gradual e acentuada, com o aumento do tempo de espera para o julgamento dos processos.

Há um desequilíbrio crescentemente maior entre a capacidade de decidir e a demanda exigida:

> ➤ Não se pode aumentar a quantidade de juízes, por causa do custo envolvido.
>
> ➤ Os que trabalham não conseguem decidir em tempo hábil.
>
> ➤ Por conta disso, as filas vão progressivamente aumentando (o tempo de espera entre a abertura do processo e a decisão final).

Um processo judicial no Brasil, que previamente demorava meses para ser julgado, passa a levar anos — e, com o tempo, até mesmo décadas.

Trata-se de uma crise estrutural do modelo, e não de um juiz em particular, ou mesmo da Justiça de maneira geral.

O que vivemos atualmente é uma Macrocrise da Gestão, que já não consegue resolver com qualidade os problemas da nova Complexidade Demográfica. Vejamos o gráfico:

PARTE II — Entendendo a nova Civilização 2.0 101

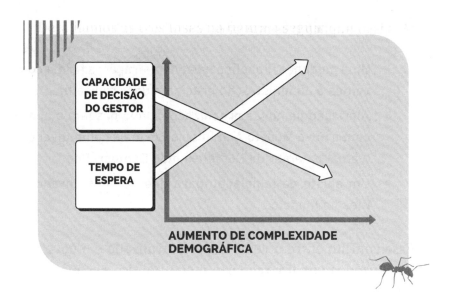

As filas na justiça brasileira são um sintoma claro da incapacidade da Administração Sonora para resolver os problemas dentro do novo Patamar de Complexidade Demográfica do Brasil.

Houve um aumento de Complexidade Demográfica no Brasil e no Mundo que foi tornando a Administração Sonora impraticável.

Não há saída dentro do mesmo paradigma administrativo, pois a Administração Sonora tem um limite de capacidade de atendimento diante da complexidade.

O modelo sonoro de administração foi concebido para um mundo do sapiens demograficamente muito menos complexo.

A única forma de superar o problema da complexidade, tanto da justiça brasileira quanto em todas as outras áreas, é a mudança estrutural da Administração Sonora para a Administração por Rastros, que permite decisões exponenciais.

Mas isso implica três movimentos:

> Uma mudança filosófica na administração: a forma como vemos a administração precisa mudar radicalmente.

> A criação de novas organizações, que passem a operar com o novo Modelo Administrativo mais compatível com o atual patamar de Complexidade Demográfica.

> Um ajuste da legislação para que se possa praticar o mesmo modelo.

Esse conflito entre o velho mais centralizado e o novo mais descentralizado marcará o cenário social, político e econômico do novo século.

Sem essa revisão filosófica da compreensão daquilo que a Administração Sonora e seus limites realmente representam, fica *impossível* entender o que o futuro nos reserva.

Depois dessa importante revisão filosófica, é hora de começar a entender a passagem da Administração Sonora para a Administração por Rastros.

Vamos?

2.10 Entendendo a passagem da Administração Sonora para a Administração por Rastros

A nova Administração por Rastros visa resolver os impasses da Administração Sonora, que se tornou obsoleta diante do novo Patamar de Complexidade Demográfica.

PARTE II — Entendendo a nova Civilização 2.0 ◀️ **103**

Comecemos com um exemplo:

Um diretor de cooperativa de táxi pode até ser capaz de gerenciar uma frota de mil taxistas, mas será impossível para ele gerenciar uma frota com milhões de motoristas e passageiros — como acontece hoje no Uber. Certo?

Ele terá o mesmo problema da mãe que teve trigêmeos ou do juiz brasileiro diante da "explosão" de processos — e de filhos, de motoristas e passageiros.

É preciso repetir a mesma frase da mãe para seus quatro filhos: "Bora se virar!"

Um diretor de cooperativa tem um limite (como o dos lobos) para administrar um número determinado de passageiros e motoristas, porque trabalha na Administração Sonora.

Um diretor de cooperativa é um Gestor Sonoro, e todas as suas decisões se baseiam na oralidade e na escrita.

Os Úberes só são viáveis, do ponto de vista administrativo, porque simulam "formigueiros": neles, não se pratica a Administração Sonora, mas uma Linguagem de Baixa Complexidade, a dos Rastros.

Os Rastros são o epicentro do novo modelo administrativo, que permite dispensar um Gestor Sonoro para ganhar em escala nas decisões.

Na Administração por Rastros, como a dos Úberes, cada "formiga" fiscaliza a outra e vice-versa. Há uma espécie de "pulverização" de microgestores, que passam a decidir de maneira distribuída "curtindo" ou "não curtindo" sua experiência, orientando assim todos os outros que vêm depois.

É essa substituição do Controle de Qualidade dos Processos centralizado no Gestor para um Controle de Qualidade Distribuído (através de uma Linguagem muito mais simples e popular) que torna exponencial a Administração por Rastros.

Na Curadoria (Uberização), usa-se uma Linguagem de Baixa Complexidade, com uma codificação muito simples (curtir/não curtir), que por isso permite a decodificação por um número muito maior de pessoas.

Desse modo, a Administração por Rastros consegue fazer com que muito mais pessoas colaborem de forma descentralizada com a informação e a decisão, tornando assim o processo muito mais barato, dinâmico e exponencial.

Com a Administração por Rastros, estamos ao mesmo tempo:

> Alterando as mídias.
> Alterando o Modelo Filosófico Administrativo.
> Criando organizações que, pela primeira vez, trabalham no Modelo de Administração por Rastros, com mais facilidade de lidar com problemas muito maiores e mais complexos.

Os Úberes não têm Gestores, mas Curadores, a quem cabe o papel de criar um ambiente administrativo nas Plataformas Uberizadas, que permitem:

> Que as informações disponibilizadas pelos próprios usuários possam viabilizar decisões distribuídas.
> Que as avaliações de quem prestou serviço e de quem recebeu sirvam para todos os que vierem depois.
> Graças à pulverização, reduzir o tempo de decisão.

PARTE II — Entendendo a nova Civilização 2.0 105

> Que se quebre a barreira da qualidade na quantidade, e a da quantidade com qualidade — o grande impasse civilizacional que estamos vivendo.

Todo membro da Plataforma Uberizada passa a ser um microgestor, responsável por manter a qualidade do ambiente.

A cada interação entre as partes, há um processo de avaliação distribuída, o que permite que as decisões sejam rápidas e flexíveis.

Os antigos Gestores Sonoros foram "pulverizados", como vemos na imagem a seguir:

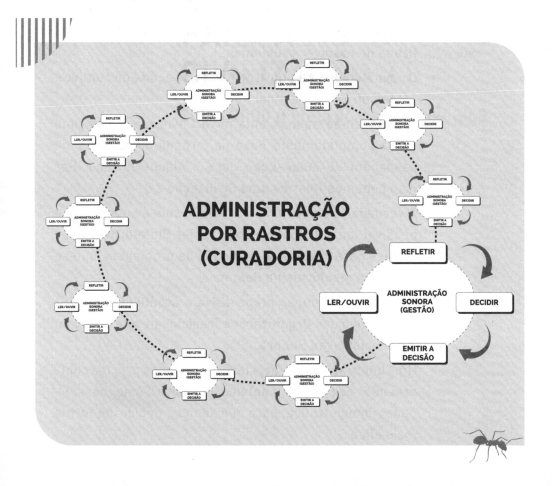

A Administração por Rastros é a adaptação de um formigueiro feita pelo sapiens, em que se conseguem superar os limites da Administração Sonora. Atinge-se a tomada de decisões de forma muito mais rápida, flexível e com um custo bem menor.

Diferentemente do Gestor, ao Curador não cabe se informar e decidir, mas criar o ambiente para que as informações estejam disponíveis e as decisões sejam tomadas pelos próprios usuários em torno de Plataformas Curadoras.

É importante compreender:

> Úberes trabalham com um novo Modelo de Administração por Rastros. Portanto, não sendo, um novo modelo de negócio, mas uma nova forma humana muito mais sofisticada de resolver problemas.

> O novo Modelo Estrutural de Administração é disruptivo e *incompatível* com o atual.

> Inaugura, não apenas uma nova Civilização, mas uma Etapa completamente nova na jornada do sapiens, na passagem do Modo-Lobo para o Modo-Formiga. Por isso podemos falar de uma Civilização 2.0.

> A verdadeira competição no novo século é saber se já é possível (quando, onde e como) criar Plataformas Uberizadas para resolver a infinidade de problemas, que se tornaram insolúveis na Gestão.

> Haverá uma redução progressiva e acentuada do valor competitivo das Organizações Tradicionais que praticam a Administração Sonora.

> Uma liderança que deseje fazer a diferença precisa compreender os riscos e o potencial da nova Tecnopossibilidade Administrativa, para que venha a decidir de forma mais eficaz.

PARTE II — Entendendo a nova Civilização 2.0 — 107

Essa nova possibilidade administrativa "quebra" a Tecnobarreira Estrutural de que se dispunha até então e permite novas possibilidades Tecnoculturais. Ademais, estas ajudam a resolver e minimizar os problemas gerados pelo aumento exponencial da Complexidade Demográfica dos últimos 220 anos.

(Nunca é demais repetir: nos últimos 220 anos, saltamos de 1 para 8 bilhões de habitantes — o maior salto demográfico da história da espécie.)

A Gestão — nosso atual Modelo Administrativo Estrutural de Sobrevivência — já não consegue resolver com qualidade diversos problemas dentro da quantidade atual.

Ele funcionou, bem ou mal, até aqui e agora começa a ser "aposentado", pois temos o início de um novo muito mais sofisticado.

A Gestão chegou ao seu limite Tecnocultural. Portanto, não estamos acabando com a administração, e sim criando um método mais aprimorado, com novas possibilidades abertas pelas novas mídias.

Os Úberes são organizações criadas dentro de um novo Modelo Estrutural de Sobrevivência.

Vejamos:

> ➤ O Administrador atual (que pratica a Gestão) é alguém com a missão de validar diretamente a qualidade das informações, produtos e serviços para que possamos sobreviver cada vez melhor.

> ➤ O novo Administrador atual (que pratica a Curadoria) é alguém com a missão de validar algoritmos que permitam aos usuários das Plataformas Uberizadas criar, de

forma distribuída, a qualidade das informações, produtos e serviços para que possamos sobreviver bem.

A grande mudança Tecnocultural (ideias + tecnologias) da Civilização 2.0 é a chegada de um novo aparato tecnológico central, que nos admite alterar de forma disruptiva o Modelo de Administração:

> Na Gestão/Administração Sonora: praticada por quase todas as organizações tradicionais, com Validação de Qualidade Centralizada, em que se filtra para publicar (aqui nos inspiramos no modelo de sobrevivência dos lobos).

> Na Curadoria/Administração por Rastros: praticada pelas novas Organizações Uberizadas, com Validação de Qualidade Distribuída, em que se publica para filtrar (aqui nos inspiramos no modelo de sobrevivência das formigas).

Temos a oportunidade de aperfeiçoar o nosso DNA Civilizacional:

> Do Oral/Escrito: o DNA da Gestão;
> Para os Rastros: o DNA da Curadoria.

É disposta a nós uma nova opção para a tomada de decisões mais refinadas e de uma forma mais distribuída para sobreviver.

Na Curadoria, temos uma nova maneira de sentir, pensar e agir — para resolver problemas de sobrevivência. Atentemos:

> A Linguagem Sonora (inspirada nos lobos) obriga necessariamente a validação das decisões, por intermédio de um líder alfa centralizado;

> A Linguagem dos Rastros (que estamos adotando, inspirada nas formigas) permite a validação por líderes contextuais distribuídos e possibilita experimentar um novo Modelo Administrativo Estrutural de Sobrevivência, muito mais descentralizado, com mais chance de resolver problemas mais complexos.

Em outras palavras, sai o fiscal da prefeitura para legitimar se um motorista de táxi está apto para dirigir e servir ao público e em seu lugar entra o modelo uberizado de autogerenciamento da qualidade pela própria comunidade (motorista–passageiro/passageiro–motorista), de forma muito mais exponencial e sustentável.

A Administração por Rastros só é possível por causa da:

> Digitalização: concede a quebra de barreiras da interação, por meio da chegada dos novos Canais Digitais;
> Uberização: admite, além dos benefícios da Digitalização, a quebra de barreiras da confiança a distância, com a chegada da Reputação Uberizada, que foi possível somente com o advento da nova Linguagem dos Rastros Digital.

(Apesar de a Uber ser mais emblemática atualmente, o conceito de reputação com validação e confiança a distância surgiu na década de 1990 com o eBay.)

A Administração por Rastros tem aplicações infinitas não só naquilo que já foi implantado, mas também em todos os campos: Educação, Direito, Saúde, Política, Negócios, Economia e por aí vai.

Sem essa revisão filosófica da compreensão da passagem do Modelo Estrutural da Administração Sonora para a dos Rastros é *impossível* entender o que o futuro nos reserva.

Depois de mais essa importante revisão filosófica, está na hora de entender os limites da primeira fase da Administração por Rastros, a Curadoria 1.0, a Uberização, entre outros no tópico "Entendendo mais profundamente a Uberização". Vamos?

2.11 Entendendo mais profundamente a Uberização

> *"Como não existe uma formiga no comando do formigueiro, não há planejamento central."*
>
> — Leonard Mlodinow

Quando se aborda o tema da Transformação Digital em palestras, costuma-se dizer, de forma repetida:

> ➤ "A maior empresa de mobilidade não tem nenhum carro (Uber)".
>
> ➤ "A maior empresa de hospedagem não tem nenhum quarto (Airbnb)".

Tais projetos, no entanto, *não* são resultado da Digitalização da Gestão (colocar o modelo em plataformas web e aplicativos), porque só se tornaram possíveis dentro da Uberização (Administração por Rastros).

O Uber é hoje a maior organização de mobilidade do planeta, justamente por não praticar a Administração Sonora.

Vejamos os dados do Wikipédia (2020):

- Presença em cidades no mundo: mais de 10 mil.
- Presença em cidades no Brasil: mais de 500.
- Presença em países: em torno de 70.
- Funcionários no mundo: em torno de 27 mil.
- Motoristas/entregadores parceiros no mundo: em torno de 5 milhões.
- Motoristas/entregadores parceiros no Brasil: em torno de 1 milhão.
- Usuários no mundo: em torno de 111 milhões.
- Usuários no Brasil: em torno de 22 milhões.

É importante salientar que no Uber a quantidade de passageiros (111 milhões) e motoristas (5 milhões) em contraste com o número de funcionários (27 mil) só é possível num Modelo por Rastros.

Numa Organização Tradicional, por meio de gestores, o número de funcionários centrais teria que ser muito maior, para garantir a qualidade e a administração dessa imensa comunidade de motoristas e passageiros.

No Uber, não há um Departamento de Recursos Humanos para contratar, promover e demitir motoristas.

Tudo isso é feito de forma distribuída, pelos Rastros, que geram a reputação de cada membro da Plataforma Uberizada.

O desafio gerencial desta empresa é muito menor, pois não se preocupa com o lado de fora, mas, sim, apenas com o de dentro — principalmente em termos de marketing, advogados, pessoal de tecnologia e novos negócios.

A Administração por Rastros aplicada ao Modelo de Negócios do Uber torna possível que apenas 27 mil funcionários contratados administrem 5 milhões de parceiros e mais de 110 milhões de usuários.

Tal relação funcionários/empregados/clientes seria impossível numa Organização Sonora.

Na Uberização, ao estilo das formigas, não há problema de escala, já que usuários e motoristas se autogerenciam.

Cada usuário e cada motorista é ao mesmo tempo um microgestor da qualidade do serviço.

Um por todos e todos por um!

Vejamos:

> Numa organização tradicional (que pratica a Administração Sonora/Gestão), cada novo colaborador ou cliente passa a ser responsabilidade do Gestor, o que gera para ele problema de escala, conforme aumenta o número de clientes e colaboradores. Para cada um destes, é preciso mais adiante contratar um Gestor (gerente, chefe, supervisor).

> Numa organização uberizada (que pratica a Administração por Rastros/Curadoria), cada novo colaborador e cliente passa a ajudar no gerenciamento, solucionando o problema de escala.

Quanto mais clientes e colaboradores ingressarem numa Organização Tradicional Sonora, mais os gestores ficarão sobrecarregados, tornando o processo cada vez mais complexo e até mesmo inviável, caso passe de determinado volume.

PARTE II — Entendendo a nova Civilização 2.0 **113**

Na Gestão, ocorre o mesmo impasse de uma alcateia de lobos: existe um Teto Demográfico máximo que a filosofia do sistema comporta para se garantir qualidade.

O Curador — o novo administrador 2.0 — tem a responsabilidade de criar o ambiente (via algoritmos) para que a autofiscalização seja praticável.

Não importa se há 5 milhões ou 50 milhões de motoristas, ou 400 milhões de passageiros. Cada um que entra auxilia de forma pulverizada no gerenciamento, resolvendo assim o problema de escala.

Vamos analisar, em particular, o caso do Waze — um outro Modelo de Negócio Uberizado, exemplo bem conhecido de Plataforma Uberizada.

O Waze foi fundado em Israel, em 2008, por Ehud Shabtai, Uri Levine e Amir Shinar.

A proposta do Waze é a de ajudar as pessoas a dirigirem melhor em lugares que desconhecem, mas também, e principalmente, a fugirem de engarrafamentos nos trajetos cotidianos.

Antes do Waze, era bem comum a presença de repórteres aéreos em helicópteros para cobrir engarrafamentos em grandes cidades.

> ➤ Waze é Modo Formiga;
> ➤ Helicóptero com repórter é Modo Lobo.

Antigamente, no mundo analógico do rádio, havia um ou dois helicópteros para ajudar milhares de pessoas, que estavam tentando procurar a melhor forma de escapar do trânsito. Era pouco "lobo" para muita "formiga".

A informação de trânsito fornecida pelos helicópteros operava no modelo do "líder alfa dos lobos" dentro do "formigueiro" de uma megalópole.

A grande novidade trazida pelo Waze foi a de adaptar os rastros das formigas para resolver um problema humano complexo: muita gente na rua ao mesmo tempo, e todos querendo fugir de congestionamentos.

Vejamos a figura:

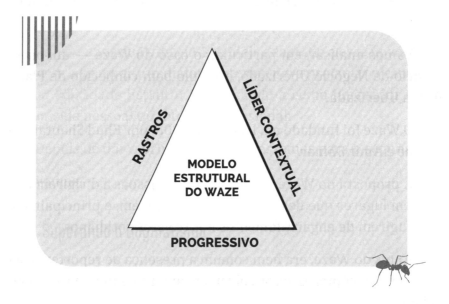

No Waze, não importa se durante a madrugada há apenas 10 mil pessoas utilizando a Plataforma ou se no meio da tarde temos 10 milhões.

Não faz a menor diferença.

O modelo das formigas, com líderes contextuais, como o do Waze, não tem problemas de escala, pois pratica o controle de qualidade distribuído.

PARTE II — Entendendo a nova Civilização 2.0

O Waze não tem Teto Demográfico na sua utilização, é exponencial, uma vez que trabalha com o tripé Rastros–Administração por Rastros–Líderes Contextuais.

O Waze se utiliza das possibilidades da nova Linguagem dos Rastros, o epicentro da Curadoria.

Na Curadoria (na Administração por Rastros), há uma nova forma disruptiva de gerenciar o problema complexo dos engarrafamentos.

No novo Modelo Estrutural de Sobrevivência Uberizado, qualquer motorista que está com o Waze ativo pode:

> Automaticamente, sem nenhum tipo de ação, informar se está parado, trafegando de forma mais rápida ou mais lenta.
> Voluntariamente, com indicação pelo aplicativo, informar se há algum acidente, polícia, buraco ou confirmar o incidente já feito por outro usuário.

No Waze, cada usuário é classificado com um nível de confiabilidade, a partir de vários critérios, como tempo de uso, o quanto usa (regularidade na plataforma) e a qualidade das informações prestadas.

Quanto mais colabora com o projeto, mais alto o usuário sobe no patamar de confiança, numa espécie de "game" da área de mobilidade.

Membros do Waze têm uma Reputação Uberizada, para que todos os demais possam confiar nas informações prestadas. Quanto mais experiente é o usuário, mas gerará confiança. E quanto mais gente confirmar o acidente, mais se terá certeza de que não se trata de uma brincadeira.

CIVILIZAÇÃO 2.0

Aquilo que vemos no Waze também ocorre em todas as iniciativas que podemos denominar de Organizações Uberizadas (Curadoras), ou seja, aquelas que já utilizam o potencial da nova Linguagem dos Rastros Digitais.

Vejamos agora um exemplo bem concreto da diferença entre os dois modelos na análise entre:

> ➤ TV Globo: analógico, Administração Sonora (Gestão).
> ➤ Netflix (ou mesmo Google Play): digital, Administração Sonora (Gestão).
> ➤ YouTube: digital, Administração por Rastros (Curadoria).

Analisemos os detalhes na tabela a seguir:

TABELA COMPARATIVA ENTRE OS MACROMODELOS ADMINISTRATIVOS DA TV GLOBO, NETFLIX E YOUTUBE (dados 2020).			
MODELO	TV GLOBO	NETFLIX	YOUTUBE
CANAL	ANALÓGICO/AR (Interação pelo ar)	DIGITAL, COMPUTADOR/ INTERNET	DIGITAL, COMPUTADOR/ INTERNET
LINGUAGEM	SONORA (ESCRITA/ORAL)	SONORA (ESCRITA/ORAL)	RASTROS
VALIDAÇÃO	CENTRAL (GESTOR LOBO); CONTROLE DE QUALIDADE E DO ACERVO INSERIDO APENAS PELO CENTRO, COM AUTORIZAÇÃO DO GESTOR.	CENTRAL (GESTOR LOBO); CONTROLE DE QUALIDADE E DO ACERVO INSERIDO APENAS PELO CENTRO, COM AUTORIZAÇÃO DO GESTOR.	DISTRIBUÍDO PELO CURADOR/LÍDERES CONTEXTUAIS; CONTROLE DE QUALIDADE E DO ACERVO DISTRIBUÍDO INSERIDO APENAS PELAS PONTAS.
USUÁRIOS	20 MILHÕES	200 MILHÕES	2,2 BILHÕES

Quanto mais adotarmos a Administração por Rastros, maior poderá ser a quantidade de usuários atendidos com melhor diversidade: qualidade na quantidade versus quantidade com qualidade.

O YouTube só consegue a escala de 2,2 bilhões de usuários porque optou pela Curadoria. Nele, diferentemente da TV Globo e da Netflix, não temos os tradicionais gestores controlando:

> Pessoas: não há relação trabalhista no YouTube entre a organização e os produtores de vídeo.

> Acervo: os usuários têm liberdade de publicar o que quiserem, sem *nenhuma* interferência central (possíveis atos de censura podem ocorrer, mas sempre depois de publicados os vídeos).

> Qualidade: a quantidade de cliques e as curtidas definem o "sobe e desce" dos vídeos dentro da plataforma.

Organizações Uberizadas simularam o Modelo das Formigas por meio de algoritmos.

O YouTube e o Waze não são, assim, apenas um novo Modelo de Negócio, mas uma nova forma de sentir, pensar e agir comercial.

Por causa disso, temos hoje a possibilidade de rever *todos* os antigos problemas e analisar quais já podem se utilizar das novas Tecnopossibilidades, a saber:

> Em quais setores podemos utilizar o novo modelo administrativo mais sofisticado para superar as antigas barreiras Tecnoculturais?

> Quais ainda não podem e por quê?

> O que precisa ser feito para que passem a poder (nos aspectos tecnológicos, psicológicos, filosóficos e legais)?

Uberizar significa usar o potencial aberto pela nova Linguagem dos Rastros, no que se refere à validação descentralizada da qualidade, em Plataformas Digitais Centralizadas com um novo modelo administrativo do futuro.

Vejamos:

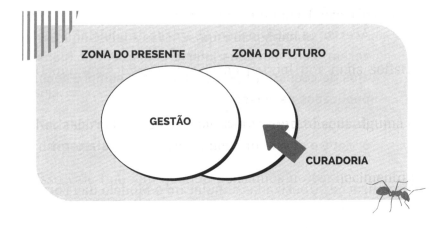

A Curadoria tem outro aspecto importante e relevante que é a questão da confiança.

O sapiens precisa dos outros para sobreviver e, para que possa fazer isso, precisa confiar.

A confiança é peça-chave para que os negócios sejam possíveis.

E as mídias têm um papel importante nessa relação.

Com o tempo, a Administração Sonora foi estabelecendo critérios de confiança mais verticalizados, à medida que as cidades foram crescendo.

PARTE II — Entendendo a nova Civilização 2.0 119

As Organizações foram se tornando cada vez maiores e geraram um modelo de Confiança Sonora, através do reforço da marca em jornais, rádios e televisões, sempre com alto investimento.

O que o sapiens consegue criar com a Uberização/Curadoria / Administração por Rastros é a quebra dos antigos limites de desconfiança a desconhecidos.

Antes da Uberização, seria impossível imaginar que você:

> Compraria uma bateria de celular de alguém desconhecido do interior do país ou na China (eBay, Mercado Livre, AliExpress).
> Acessaria um canal de notícias de um jornalista desconhecido que mora na Itália (YouTube).
> Receberia na sua casa um casal de estrangeiros para passar a semana (Airbnb).
> Confiaria em um estranho para passear com seu cachorro (DogHero).
> Pegaria carona com um completo desconhecido (Uber ou Waze Carpool).

Há também outras novidades interessantes como comprar ingressos A distância, acessar seu banco da beira da praia ou alugar um patinete no meio da rua.

Mas nada é tão disruptivo quanto passar a confiar, relacionar-se e fazer negócios com desconhecidos — e tudo isso só é possível por causa da Administração por Rastros.

> A Linguagem dos Rastros permite a Reputação Uberizada.
> A Reputação Uberizada permite a Administração por Rastros, base para que se possa criar os Úberes.

A Uberização, junto à Administração por Rastros, rompe a Tecnobarreira da desconfiança entre desconhecidos, tornando a cooperação e a colaboração exponenciais.

Quando se fala por aí, repetidamente, que "vivemos hoje a explosão do compartilhamento, das trocas, da colaboração e da participação", é porque novas formas de Validação das Decisões, mais descentralizadas, estão acontecendo.

Passamos a poder confiar de forma mais desconcentrada em desconhecidos, por causa da Administração por Rastros.

Sem essa revisão filosófica da compreensão do que é realmente a Administração por Rastros, é *impossível* entender o que o futuro nos reserva.

Após essa importante revisão filosófica, é hora de investigarmos os limites da Uberização: "Entendendo os limites da Uberização".

Vamos?

2.12 Entendendo os limites da Uberização

A Crise da Uberização pode ser descrita como o primeiro grande problema dos Curadores e da Curadoria 1.0.

A Uberização (Curadoria 1.0) é a primeira etapa da Administração por Rastros, que já vem demonstrando os primeiros sinais de dificuldade por conta do gerenciamento dos algoritmos em comunidades cada vez maiores e mais complexas.

PARTE II — Entendendo a nova Civilização 2.0   121

Os Úberes são estruturados sobre Plataformas Centralizadas (Canais Digitais da Curadoria 1.0) e, por causa disso, são empresas globais.

Na contemporaneidade, os grandes líderes da Uberização são multinacionais, mas não vemos isso como definitivo, e sim passageiro.

Distinguimos então três etapas na atual Revolução Midiática Civilizacional:

> ➤ Digitalização: é o uso dos novos canais sem a nova linguagem, praticando ainda o Modelo Estrutural Sonoro (por exemplo, a Netflix).

> ➤ Uberização: é o uso da nova linguagem, primeira etapa do Modelo Estrutural por Rastros, mas em Plataformas Centralizadas (é o caso do Youtube).

> ➤ Blockchenização: é o uso da nova linguagem, primeira etapa do Modelo Estrutural por Rastros, porém em Plataformas Distribuídas (ainda não temos casos relevantes para destacar).

Presentemente, uberizar é muito caro, pois precisa ser em escala global.

A Uberização com Plataformas Centralizadas define novos e únicos líderes de mercado e acaba impedindo que novos concorrentes possam competir de igual para igual.

Os canais são centralizados e as plataformas seguem o mesmo modelo.

Resultado: temos grandes projetos de Uberização e multinacionais impedindo a pulverização do novo modelo de Administração por Rastros.

> É uma Administração por Rastros Centralizada e ainda não Distribuída, do ponto de vista dos canais.
> É a Administração Estrutural por Rastros dentro de Canais Centralizados e não Distribuídos.

Muitos empresários de micro, pequeno e médio porte me consultam sobre a possibilidade de adotarem a uberização, mas costumo dizer que o mercado ainda está muito fechado no corrente modelo centralizado.

Ou você é muito grande e global, ou não vai adiante.

A situação momentânea na centralização é a de milhões de usuários que estão sendo gerenciados por poucos curadores, que controlam os algoritmos, e isso apresenta também um problema de escala.

A Curadoria 1.0 tem um limite de capacidade para o Curador administrar algoritmos e o modelo tende a ficar obsoleto com o tempo.

Curadores criam algoritmos para um número cada vez maior de pessoas, e isso torna mais difícil a administração das Plataformas Uberizadas. Com isso, é preciso de padronização para uma comunidade pouco a pouco mais independente, com demanda de personalização.

As reclamações são muitas e abrangem:

- A qualidade dos algoritmos.
- As mudanças centralizadas dos algoritmos por critérios muitas vezes de interesse comercial do centro, e não das pontas.

Vejamos:

- Um bom exemplo recente de insatisfação dos usuários foi a mudança dos critérios de exposição do número de curtidas nos posts do Instagram (Reputação Uberizada), promovida pelos Curadores da Plataforma.
- As crises frequentes entre os usuários e o Youtube, por uma série de problemas que envolvem valores de remuneração, censura, mudanças de cima para baixo sem consulta, entre outros.
- A crise do portal Estante Virtual com os livreiros, há alguns anos.
- Os problemas de acusação sistemática de censura política praticada pelo Twitter e Facebook.

A Uberização (Curadoria 1.0) é marcada pela centralização das decisões dos algoritmos e das políticas da plataforma, o que gera muitas adversidades.

Os Canais Centralizados fazem com que os Curadores 1.0 tenham sempre mais poder, e isso acaba gerando insatisfação na comunidade atendida.

Em resumo, há uma contradição entre uma Tecnocultura mais distribuída pela sociedade e a centralização das decisões das Plataformas Uberizadas.

Após mais essa importante revisão filosófica, está na hora de começarmos a entender a Blockchenização.

Passemos ao capítulo "Entendendo o potencial da Blockchenização".

Vamos?

2.13 Entendendo o potencial da Blockchenização

Diferentemente da Uberização, a Blockchenização que prevemos (Curadoria 2.0) ainda não tem um Território Ocupado.

De acordo com a Wikipédia, a definição de Blockchain:

"blockchain (também conhecida como "o protocolo da confiança") é uma tecnologia de registro distribuído que visa a descentralização como medida de segurança".

Apesar de haver o Blockchain aplicado para moedas e vários outros fins, ainda não temos um grande *case* de sucesso do Blockchain Uberizado.

O Blockchain Uberizado consiste em:

> ➤ Uma nova Linguagem dos Rastros, já utilizada no Uber.
> ➤ Um novo canal distribuído (também conhecido como P2P — *peer-to-peer*).

Por enquanto, podemos prever o que vai acontecer pela dedução de alguns pontos:

> ➤ Existe a demanda por mais participação nas Plataformas Uberizadas, mas ela não pode ser resolvida.

PARTE II — Entendendo a nova Civilização 2.0 125

> Haverá cada vez mais empreendedores querendo participar desse mercado.

> A Curadoria 1.0 vai gerar mais desagrado entre os usuários das plataformas, tanto de fornecedores quanto de consumidores.

> Os novos empreendedores digitais vão criar ecossistemas para a pulverização dos Úberes.

Imaginamos, por exemplo, que veremos surgir algo como o "Mobilechain".

O Mobilechain seria um Ecossistema em que se possam criar soluções de mobilidade, no estilo Uber, com avaliações de passageiros e motoristas, mas não em Plataformas Centralizadas.

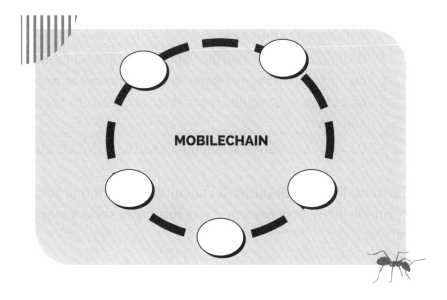

Cria-se o protocolo de trocas, e a comunidade passa a escolher, de forma simples, o melhor serviço entre diversas opções locais ou globais. A Reputação Uberizada não será mais exclusiva do Uber, dentro de uma Plataforma Centralizada.

Passageiros e Motoristas terão Carteira de Reputação Individual, que serão transportadas entre os diferentes pontos do Ecossistema Blockchenizado.

Repare que o Blockchain não será pensado em termos de Plataformas, mas de Ecossistemas, pois cada aparelho, de cada usuário, será um pequeno pedaço da plataforma.

Podemos imaginar esse novo modelo para todas as áreas como, por exemplo, um possível "Videochain", que servirá para substituir o YouTube.

O modelo funcionaria assim:

> ➤ Um empreendedor criaria o Ecossistema.
> ➤ Dependendo de sua qualidade, uma série de empreendedores passariam a oferecer serviços, como centenas ou milhares de YouTubes.
> ➤ Os usuários iriam aderindo até que tivesse outro melhor, ou vários outros, que poderiam se comunicar uns com os outros — bastando, para isso, originar um protocolo comum.
> ➤ Os vídeos já não ficariam num centro, mas distribuídos.

Existem diversos desafios Tecnoculturais para que se atinja a maturidade desse processo, mas sua formação seria a junção de dois fatores:

> ➤ A demanda por serviços melhores diante das Tecnobarreiras já visíveis da Curadoria 1.0;
> ➤ A disponibilidade de um modelo de plataformas mais distribuídas que permita este novo Tecnoambiente, quebrando os limites anteriores.

PARTE II — Entendendo a nova Civilização 2.0 127

Essa nossa dedução é reforçada pelo aspecto da Descentralização Progressiva, uma macrotendência do sapiens ao longo da Macro-história. Essa macrotendência é:

> Quanto mais sapiens,
> Mais descentralização.

A Blockchenização representa uma revolução dentro da revolução, a chegada da Civilização 2.1.

Na comparação entre a Uberização e a Blockchenização, temos:

> Uberização: Plataformas Centralizadas num modelo de Curadoria 1.0;
> Blockchenização: Plataformas Descentralizadas num modelo de Curadoria 2.0.

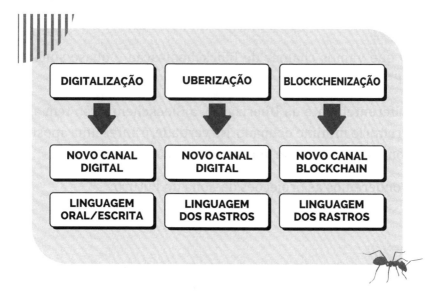

Na Blockchenização haverá uma descentralização da Uberização com abertura de espaço para praticar a Curadoria em pequena escala, o que hoje não acontece.

É uma porta que se abrirá para empreendedores menores em todas as partes do mundo.

Será, enfim, a aplicação da Administração por Rastros em larga escala, atingindo milhares ou milhões de pessoas.

Muito se fala em Blockchain, mas não como uma massificação dos Úberes.

A Blockchenização vista dessa maneira é uma aposta da Bimodais.

Na nossa visão, o grande mérito do que vamos chamar de Blockchenização será o de conseguir uniformizar a nova Linguagem dos Rastros, a Reputação Uberizada e a Administração por Rastros num canal distribuído, no modelo P2P.

O que vamos chamar de Blockchenização é quase sinônimo de P2P*.

Diferentemente da Uberização, a Blockchenização tem ainda um território mínimo ocupado. Na verdade, é antes uma aposta do que constatação, em que aplicamos o método dedutivo.

Ponderemos as projeções da Zona do Futuro:

---

* Peer-to-peer: do inglês par a par, ou simplesmente ponto a ponto, com sigla P2P, é uma arquitetura de redes de computadores em que cada um dos pontos ou nós da rede funciona tanto como cliente quanto como servidor, permitindo compartilhamentos de serviços e dados, sem a necessidade de um servidor central.

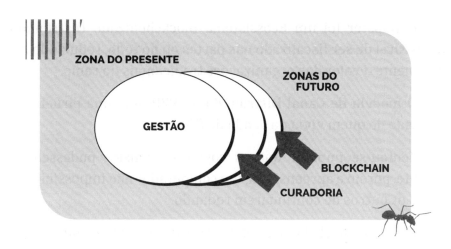

A grande mudança do P2P (Blockchenização) é o fim da Plataforma Central.

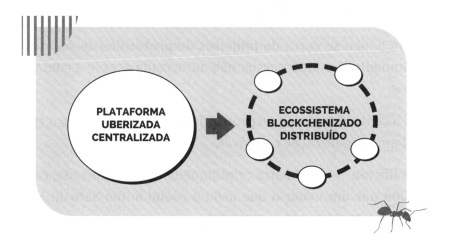

Na Blockchenização (Curadoria 2.0) cria-se um Ecossistema Distribuído, em que não existe uma Plataforma Centralizada.

Aliás, o Blockchain é "filho" do Napster.

A grande novidade do Napster foi a de ter sido a primeira grande iniciativa popular do P2P.

O Napster foi um Ecossistema Blockchenizado Distribuído impossível de ser fiscalizado nas partes ou no todo, reduzindo rapidamente o valor das organizações tradicionais do ramo.

O modelo de Canal Distribuído do P2P deu uma pirueta no mercado de quem vivia da venda de CDs.

Tentou-se impedir que as cópias de música pudessem ir adiante, porém a apreensão de um computador não impossibilitou todos os outros de continuarem rodando.

O P2P e a Blockchenização derivam do conceito de que é mais seguro distribuir do que centralizar.

Um banco tradicional, por exemplo, tem nossa confiança, pois criou um ambiente de segurança, mesmo online, para proteger o dinheiro (patrimônio) alheio.

Um banco se cerca de milhares de protocolos de segurança para impedir que uma pessoa não autorizada acesse a conta dos clientes.

É a centralização superprotegida que faz de um banco tradicional uma organização confiável.

O Bitcoin — a primeira criptomoeda descentralizada, criada em 2009 por um usuário que usou o pseudônimo Satoshi Nakamoto — fez exatamente o contrário.

Ele garante a confiança, não pela centralização, mas justamente pela distribuição.

O Bitcoin cria a confiança pela impossibilidade de interferência num ambiente fortemente distribuído, justamente o contrário do conceito de banco tradicional.

É um exemplo de Administração por Rastros, agora não mais com a Linguagem dos Rastros, mas com o Canal P2P.

O Ecossistema do Bitcoin garante segurança, pois os livros-registro estão todos espalhados e rodando sob o mesmo protocolo, mas em computadores diferentes.

Vejamos, então:

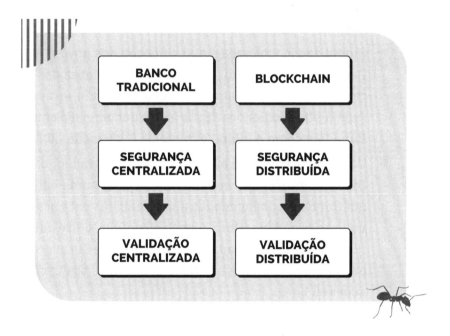

O que caracteriza o Blockchain (P2P) é a possibilidade de as Plataformas Descentralizadas gerarem a mesma convicção de um modelo centralizado.

É bom lembrar que, quando internet surgiu, aconteceu algo semelhante.

A internet foi criada em 1969, nos Estados Unidos, chamando-se inicialmente de Arpanet, e tinha como função interligar laboratórios de pesquisa.

Preocupados com uma possível guerra nuclear, os militares norte-americanos desenvolveram o conceito de computadores descentralizados dos laboratórios. Isso para que, no caso de um ataque nuclear a um deles, todos os outros pudessem replicar o que foi atingido.

E assim foram criados os protocolos iniciais da rede distribuída. Podemos, portanto, separar o desafio do novo século em três etapas:

> Digitalização (chegada e massificação dos novos Canais Digitais ainda Centralizados): permite a quebra das barreiras de tempo e lugar e a melhoria da Gestão, através da Administração Sonora. (Esta fase é denominada entre os Bimodais como o último estágio da Civilização 1.0.)

> Uberização (chegada e massificação da nova Linguagem Digital): permite, por meio da Curadoria, Administração por Rastros, oportunidades ainda restritas para grandes empresas globais (Uber, Airbnb e YouTube, entre outras). (Esta fase é denominada pelos Bimodais de Curadoria 1.0, primeira etapa da nova Civilização, com vários cases de sucesso.)

> Blockchenização (chegada e massificação dos novos Canais Digitais Distribuídos): permite a pulverização da Administração por Rastros com oportunidades para micros, pequenas e médias empresas locais. (Esta fase é denominada pelos Bimodais de Curadoria 2.0, segunda etapa da nova Civilização, e ainda está em fase embrionária.)

Detalhamos as três fases na figura a seguir:

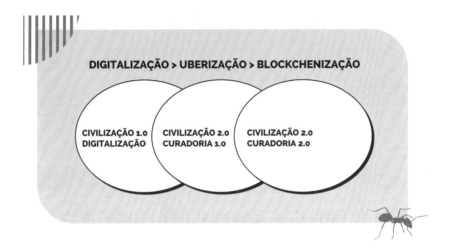

O que temos de novidade no Blockchain, num outro contexto muito mais amplo do que o Bitcoin e similares, é a possibilidade de criação de Plataformas Distribuídas.

Quem está espantado com as mudanças da Uberização pode se preparar para a sua pulverização na Blockchenização.

Depois de mais essa importante revisão filosófica, é hora de apresentar nossa sugestão de Migração para a nova Civilização, tanto em termos de pessoas quanto de organizações.

Passemos à Parte III: "Migrando para a nova Civilização 2.0: superando a Macrocrise Psicológica".

Vamos?

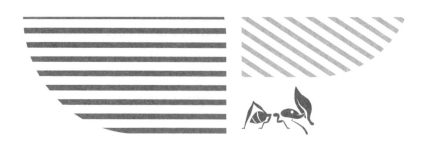

Conclusão da Parte II

O objetivo da Parte II foi apresentar uma série de mudanças filosóficas relevantes para que você possa compreender melhor a nova Civilização 2.0.

Se você não assimilar o que está modificando, não vai conseguir se preparar para competir adequadamente no novo século.

Note que quando se fala (e muito) em Transformação Digital, estamos falando em:

> ➤ Trans: passar de algo para outro algo, ou de um lugar para outro.
> ➤ Formação: de um formato atual para um novo formato.

Se não sabemos qual é o novo formato que *realmente* vai ser criado, como poderemos ir para lá?

O problema que vemos atualmente é que as pessoas e organizações estão olhando para esse novo mundo digital com os mesmos paradigmas do passado.

PARTE II — Entendendo a nova Civilização 2.0 135

Não optaram por:

> Analisar o fenômeno de forma mais objetiva procurando a sua essência.

> Não percebem as forças macro-históricas de sobrevivência que estão em movimento (mídias, demografia, modelos administrativos).

> Não entendem os tecnofenômenos, muito menos os midiáticos.

> Não estabelecem a relação entre mídia e demografia, nem de ambas com a administração.

> Não conseguem entender a chegada, a dimensão e inevitabilidade da Uberização e a emergência muito próxima da Blockchenizadação.

Dito isso, vamos agora procurar superar a Macrocrise Psicológica para que possamos promover a migração, que envolve mudanças na forma de sentir e pensar tal como de pessoas e organizações.

Vamos?

PARTE III

MIGRANDO PARA A NOVA CIVILIZAÇÃO 2.0
superando a Macrocrise Psicológica

> *"Se você quer beber, o problema é seu!*
> *Mas, se você quer parar de beber, o*
> *problema é nosso!"*
> — Alcoólicos Anônimos

Diante da Macrocrise Civilizacional, é preciso se preparar para a migração — seja você pessoa física, profissional ou uma organização.

Temos atualmente um desafio enorme, pois, como vimos, estamos alterando o Modelo de Administração para um mais sofisticado, gerando valor e Zonas de Atração.

Trata-se de uma mudança filosófica profunda na forma como sentimos, pensamos e agimos em sociedade, quebrando milênios de experiência de outro modelo.

Não, esta não é uma migração simples, fácil ou comum.

Quem quer gerar valor e competir tem que se preparar para esse novo cenário.

O futuro precisa ser aceito e compreendido e os enormes desafios emocionais precisam ser superados.

Aqui, o objetivo é apresentar as provocações pessoais e organizacionais a serem enfrentadas para que isso aconteça.

Veremos:

> Capítulo 3.1: desafios da migração para profissionais e pessoas.
> Capítulo 3.2: desafios da migração para as organizações.

Vamos?

3.1 Os desafios da migração das pessoas para a Civilização 2.0

Nossa maneira individual de sentir, pensar e agir no mundo foi totalmente moldada para a Civilização 1.0, que tinha como características:

> Mudanças mais lentas.
> Menos demanda de autonomia na forma de sentir, pensar e agir sobre a realidade.
> Menos responsabilidades individuais.
> Menos demanda por filtragem de informação.
> Decisões profissionais atreladas às organizações.
> Baixa taxa de empreendedorismo e inovação.

Todas essas premissas eram compatíveis com determinado ambiente competitivo, que está se alterando disruptivamente e, o que é pior, muito rapidamente.

Muitos falam que é importante atualizar sua empresa, seu chefe, o Brasil e o mundo, mas poucos estão procurando se inovar e se adaptar ao novo cenário, pois não conseguem entender exatamente: "O que eu individualmente preciso alterar na minha vida emocional e reflexiva?"

O objetivo dos próximos capítulos é a superação dos desafios emocionais e reflexivos individuais para podermos lidar melhor com a Civilização 2.0. Desse modo, pensar na migração de Organizações Tradicionais e permitir que você desenvolva seu projeto empreendedor individual.

Vamos?

3.1.1 Superando a falta de projeto estratégico individual

> *"Não permita que o herói da sua alma padeça frustrado sem a vida que merecia e nunca foi capaz de alcançar."*
> — Ayn Rand

Sobreviver e ser feliz é o objetivo (mesmo que inconsciente) de todo ser humano. No entanto, podemos identificar dois tipos de felicidade:

- ➤ Felicidade Conjuntural: a do cotidiano, a de uma sexta-feira motivada pelo descanso do fim de semana, da rotina;.
- ➤ Felicidade Estrutural: a do projeto de vida, a da segunda-feira estimulada, de busca de um sentido para a existência.

As duas são importantes e devem ser compatíveis, mas elas nem sempre estão alinhadas. Se você não tem um projeto pessoal/

profissional próprio, no qual pensa em trabalhar em curto, médio e longo prazo, você vive certamente a Felicidade Conjuntural.

É normal que, ao final de Eras Civilizacionais, como a que estamos vivendo (com forte centralização das organizações), tenhamos uma difusão maior da Felicidade Conjuntural e pouco diálogo sobre a Estrutural.

Na verdade, as pessoas mais se encaixam na sociedade do que criam um projeto para ela. O espaço da inovação e do empreendedorismo costuma ser pequeno e esses estímulos são pouco incentivados, tanto na família quanto na escola.

Ao final de Eras Civilizacionais, com a consequente centralização das mídias e das organizações, temos o seguinte:

> Aumento de massificação.
> Redução de diversidade.

Tudo isso tem um impacto emocional nas pessoas, que tendem a ser mais conduzidas de fora para dentro do que de dentro para fora em seus projetos pessoais de Felicidade Estrutural.

Antes, havia uma determinada taxa de normalidade, estabelecendo até que ponto você poderia caminhar sozinho, pois as oportunidades de construir uma vida menos parecida com a dos outros não eram tão grandes e você acabou priorizando a Felicidade Conjuntural e reduzindo a Estrutural.

Por isso, a Felicidade Conjuntural passa a ser a linha mestra da conduta geral, com as seguintes particularidades:

> Aumento da taxa de massificação.
> Baixa reflexão.
> Baixa diversidade.

Coloquemos isso numa figura:

Se criarmos um gráfico, podemos fazer uma correlação entre a concentração de mídia/organizações e os dois tipos de felicidades. Vejamos:

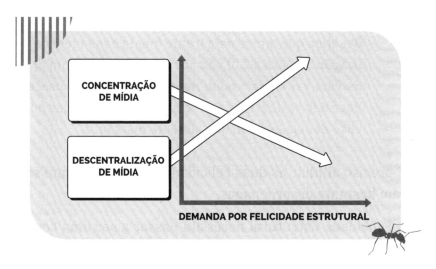

As mídias, convergidas num contexto de crescimento populacional exponencial, desestimulam a autonomia de pensamento, aumentando assim a taxa de Felicidade Conjuntural e reduzindo a da Felicidade Estrutural.

O sintoma típico, por exemplo, é a grande euforia na sexta e o baixo astral na segunda.

A Felicidade Conjuntural é criada muito mais de fora para dentro do que de dentro para fora.

Mas agora existem motivos para que você passe a procurar sua Felicidade Estrutural:

> Primeiro, um mundo mais descentralizado, mais inovador e mais empreendedor demandará que você tenha seu próprio projeto de vida, de dentro para fora, menos atrelado a organizações centralizadas. Você precisa se "apaixonar" por problemas de clientes para que possa gerar valor para eles. Isso implica ter um projeto de vida mais personalizado e menos padronizado.

> Segundo, você precisa ter uma motivação extra, pois os desafios que temos pela frente (nesta passagem da Civilização 1.0 para a 2.0) não são pequenos, e ter um projeto de vida vai ajudar muito na motivação desse processo. Você não vai fazer isso por causa dos outros, mas porque você deseja ser estruturalmente mais feliz.

É preciso alinhar as duas Felicidades, que atualmente se encontram bastante desordenadas.

A Felicidade Estrutural necessita passar a ser uma construção cotidiana e recorrente em sua vida. Mas para que isso seja possível, é essencial desenvolver constantemente uma Narrativa Individual, em que possamos analisar:

PARTE III — Migrando para a nova Civilização 2.0

- Nossas potências e impotências.
- Nossas fraquezas e fortalezas.
- Como tais fatores podem ajudar a competir no curto, médio e longo prazo.

A Felicidade Estrutural exige assim que você tenha um projeto de vida progressivo e em espiral, sendo sempre reavaliado, de preferência com a prática diária do diálogo interno. É fundamental que:

- Você crie o hábito de dialogar regularmente para ponderar seu projeto de vida.
- Reflita sobre as emoções, percepções e conceitos, aumentando assim sua capacidade lógica de pensar sua vida, criando Narrativa própria, tanto para a sua vida pessoal quanto profissional (veremos mais detalhes sobre isso mais adiante).

Neste novo século mais inovador e mutante, tais questões emocionais, querendo ou não, vão bater (ou já estão batendo) à sua porta de alguma maneira:

- Você vai abrir uma *personal startup* em que área?
- Em que você é bom e o que gosta de fazer?
- Em que você não é bom e o que não gosta de fazer?
- O quanto esse projeto eleva sua Felicidade Estrutural?
- Ao longo do processo, como avaliar o que está bom, o que não está e o que precisa ser alterado?
- Que tipo de solução motivará você a atuar, no decorrer dos anos?

> Você estará motivado todas as segundas-feiras?

Haverá demanda pela Felicidade Estrutural, que precisará se alinhar a todos os aspectos da sua vida:

> Afetiva (casamento, relacionamentos).
> Pessoal (amigos, parentes, colegas de trabalho).
> Vida criativa sem remuneração (hobbies, atividades de lazer).
> Vida criativa com remuneração (profissional).

Defendemos que uma pessoa mais adaptada a esse novo cenário passe a praticar um diálogo interno, para procurar o caminho da sua Felicidade Estrutural, colocando-a como norteador tanto da sua vida pessoal quanto da profissional.

Depois de dar o primeiro passo, passemos para o segundo.

Vamos?

3.1.2 Superando o Dogmatismo

"Não existem explicações finais, apenas melhores!"
— Marcelo Gleiser

O Dogmatismo pode ser definido como:

Conjunto de preceitos de caráter incontestável, que não se pode pôr em dúvida ou em questão — espécie de fundamentalismo intelectual, em que se expressam verdades que não estão sujeitas à crítica ou à revisão.

Num mundo gradativamente mais mutante e inovador, o Dogmatismo gera as seguintes dificuldades:

> Pouca flexibilidade: para mudar, aprender e se adaptar.

> Teimosia: dificuldade de aceitar a opinião alheia, mesmo que seja razoável, insistindo em formas de pensar e agir cada vez mais distantes das demandas exigidas pelos fatos.

A taxa de Dogmatismo tende a crescer ao final de Eras Civilizacionais, pois:

> Temos centralização de mídias e de organizações líderes.

> Uma baixa taxa de inovação.

> O que funcionava há bastante tempo continuava funcionando, mas a demanda por adaptações constantes não era o comum.

De maneira geral, pessoas com uma taxa elevada de Dogmatismo tendem a acreditar que é possível chegar à Realidade Absoluta.

O sapiens, no entanto, nunca dominou nem irá dominar a realidade de forma absoluta — nem ontem, nem hoje e nem amanhã.

A realidade para o sapiens é (e será sempre) aberta, parcial, e não fechada. Nossa espécie *nunca* dominará totalmente a realidade, pois as fronteiras do conhecimento humano são expansíveis.

Quanto mais conhecemos, mais expandimos nosso "aquário do conhecimento" e, quanto mais expandimos o aquário, mais haverá para conhecer.

(Marcelo Gleiser detalha muito bem essa característica do conhecimento como algo progressivo no livro *Criação Imperfeita*, em que defende que não há teoria final em qualquer campo, apenas explicações melhores. O livro de Gleiser consta nos Livros Bimodais Recomendados — ver ao final.)

Para quebrar o mito da Realidade Absoluta, vale a pena lembrar que no passado chegamos a acreditar nos seguintes dogmas:

> ➤ A Terra é plana.
> ➤ O Sol gira em torno dela.

Assim, nosso conhecimento sobre a realidade será *sempre* parcial, pois sempre haverá algo novo que poderá alterá-lo.

Temos um processo de conhecimento sempre em aberto, sujeito a alterações quando alguns fatores são alterados no tempo.

Tais fatores nos obrigam a mudar nossa forma de pensar e de agir, para que possamos continuar a nos relacionar com a realidade de forma mais eficaz.

Mudanças conjunturais ocorrem todo o tempo — por isso talvez sejam mais fáceis de serem aceitas. Já as estruturais, como acontece agora, complicam a vida de quem apresenta elevada taxa de Dogmatismo.

Mas a realidade é progressiva, e as coisas se alteram no tempo: é um processo. É preciso entender que mudanças acontecem a partir de algumas razões. Vejamos:

PARTE III — Migrando para a nova Civilização 2.0 149

> Ocorrem fenômenos novos.
> Surgem novas Tecnologias, que abrem novas possibilidades para a espécie.
> O aprendizado das pessoas é contínuo e lhes permite chegar a novas conclusões sobre conhecimentos antes consolidados.
> As mentes mais brilhantes são capazes de unificar ideias, que outros nunca imaginaram.

Por exemplo:

Você está com o carro enguiçado no meio da estrada, sem saber o motivo do mau funcionamento. Alguém sabe consertar o problema, mas você, não.

Você pode conhecer muito de computador, porém entende pouco sobre automóvel. Há limites em seu conhecimento.

Até mesmo no computador, que você teoricamente domina, muitas vezes acontecem problemas difíceis de resolver. E nem mesmo aquele seu amigo que sabe tudo de informática consegue.

Nesses momentos, você está "batendo" na barreira do seu conhecimento.

Todos aqueles que você conhece não podem ajudar a resolver o problema. Nem mesmo o YouTube.

Você se depara em uma Fronteira de Conhecimento Individual. Vejamos outro exemplo, também no campo individual.

Você é especialista em aranhas e estudou tudo sobre uma determinada espécie, leu muitos livros e se tornou expert no tema.

Sabe muito — mas não sabe tudo.

Um dia, você abre o computador e assiste a um TED (palestra online) de um chinês, com tradução em inglês, sobre uma pesquisa e um instituto do qual você nunca ouviu falar.

O TED simplesmente muda tudo o que você pensava sobre aquele tipo de aranha. Você não conhecia o chinês, nem o instituto e nem sabia que ele estudava a mesma espécie que você.

Isso ocorre, pois todos nós somos incapazes de dominar tudo sobre qualquer tema por mais que tentemos. É preciso uma abertura para podermos estar sempre aprendendo.

O que você tem é uma visão parcial por mais sofisticada que seja.

Nada garante que você não vá ter contato com alguma coisa bem diferente do que você conhece até hoje.

Isso vale também quando pensamos no conhecimento para toda a nossa espécie.

Analisemos o caso da pandemia de Covid-19 em 2020.

Pesquisadores de *todo* o planeta não souberam lidar com aquele vírus específico. Não havia vacina, nem tratamento conhecido.

Naquele momento, o sapiens bateu numa Fronteira Coletiva do Conhecimento: uma doença desconhecida, sem remédio nem vacina.

A pandemia de 2020 é um bom exemplo de um fenômeno que está do lado de fora das nossas Fronteiras/Aquário do Conhecimento.

Trata-se de um evento que ainda não dominamos e não temos respostas para lidar com ele. Como vemos a seguir:

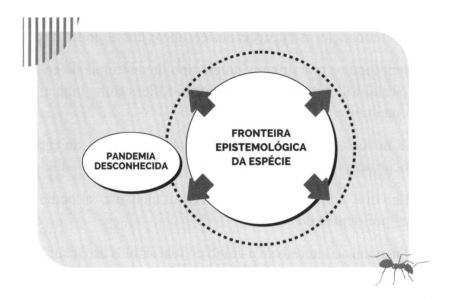

Assim, Fenômenos Inusitados — ou aqueles que você *não* domina no plano individual ou coletivo — nos remetem à ideia de que nossa concepção da realidade é mutante, parcial e nunca definitiva.

Temos uma Fronteira do conhecimento, em que *todos* os especialistas sobre um tema nunca passaram de determinado ponto.

As narrativas sobre os fenômenos vão sendo melhoradas de geração para geração. Pois o que um especialista sabia há dez anos já não vale muito atualmente.

O conhecimento é progressivo, e o que você agora conhece está sujeito a novidades, seja de desconhecidos ou por meio de avanços de toda a espécie sobre aquele tema/problema. Passemos agora ao caso da chegada de novas tecnologias.

Tempos atrás assisti a um documentário na televisão sobre o estudo dos cérebros de Serial Killers.

O apresentador comentava que certas imagens cerebrais constataram mudanças estruturais nos cérebros desses indivíduos:

Nem todo os que tinham aquele tipo de anatomia do cérebro eram Serial Killers, mas todos os Serial Killers tinha uma anatomia semelhante.

Os novos equipamentos que produzem imagens do cérebro modificaram a forma como os víamos.

Algo que, no passado, era impossível, pois não se podia "enxergar" por dentro do cérebro.

O mesmo acontece com o envio de telescópios espaciais como o Hubble (lançado em 1990), que conseguiu fotografar lugares no Universo nunca penetrados pelos observatórios terrestres.

Uma centena de descobertas feitas a partir do Hubble desencadearam verdadeiras revoluções na astronomia.

O mesmo ocorreu na medicina com o microscópio (no fim do século XVI) e com a máquina de raio X (1895).

Quem poderá garantir que as novas tecnologias que ainda irão surgir não vão alterar profundamente a forma como pensamos e agimos diante de diversos fenômenos?

Isso vale para o geral e para você em particular, quando passa a utilizar um celular novo ou a fazer algo que não podia antes. Tal como medir o batimento cardíaco e descobrir um problema, ou usar um novo controlador de alimentos e perder muitos quilos.

PARTE III — Migrando para a nova Civilização 2.0

Por fim, podemos chegar nas mudanças do conhecimento provocadas pelas novas formas de pensar fenômenos por mentes brilhantes.

Tanto nas nossas vidas quanto de uma forma coletiva.

Você compra um livro que muda sua vida, pois nunca tinha lido aquele autor "fora da curva", e aquilo dá uma "entortada" na sua forma de pensar.

Ou então aparece um Einstein e diz que tudo o que pensávamos sobre uma série de acontecimentos não era a maneira mais adequada.

A verdade é que mentes brilhantes inauguram novas narrativas, unindo fatos, percepções, reflexões e conceitos que outros não conseguiram, criando teorias completamente inovadoras e recomeçando quase do zero o estudo de determinado fato.

Você descobre pessoas diferenciadas, que fazem com que você tenha uma visão bem diversa de tudo aquilo que pensava antes a respeito de determinado fenômeno, que você pode ter estudado durante anos:

> ➤ Isso vale para todos os sapiens que estão aprendendo e têm uma fronteira coletiva de *toda* a espécie.

> ➤ Vale para você em particular, pois também está sempre aprendendo e tendo contato com novas fronteiras individuais a cada fase da sua vida.

Veja uma síntese do que abordamos até aqui:

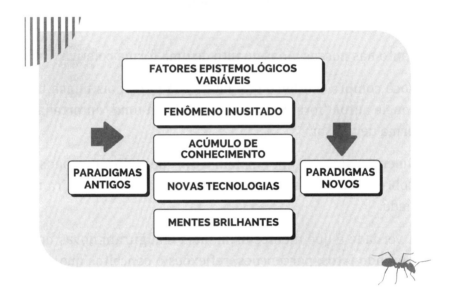

O sapiens viverá sempre imerso em uma espécie de Realidade Parcial e nunca na Absoluta.

Você vai se deparar com novos autores, novas tecnologias, fatos inusitados e novos conhecimentos — que vão obrigar você a alterar suas certezas, e elas a todo momento serão necessariamente provisórias.

A realidade é uma redoma formada pelos paradigmas existentes, que nos auxiliam a formular explicações melhores, mais razoáveis e continuadamente provisórias.

Os paradigmas atuais podem ser alterados para que possamos enxergar melhor o que antes não era conhecido e assim podermos fazer abordagens melhores.

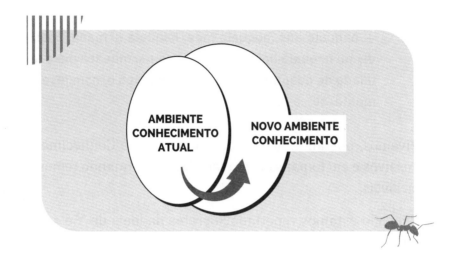

Portanto, nunca teremos a capacidade de dizer que chegamos à fronteira final do conhecimento — nem em nível geral, nem no particular.

Por isso, é importante compreender o quanto é falsa a ideia da Realidade Absoluta — seja para a espécie, seja na sua vida pessoal.

É mais prudente e mais sábio adotar sempre o conceito de Realidade Parcial.

Vejamos a diferença:

> Realidade Absoluta: a utopia (propagada por muitos) de que é possível conhecer fenômenos em sua integralidade e que "depois disso ninguém mais chegará a lugar nenhum". Isso gera o aumento da taxa de Dogmatismo e, com ela, uma grande dificuldade de adaptação às mudanças e uma baixa taxa de resiliência;

> Realidade Parcial: a consciência de que só é possível conhecer a realidade a partir de cada contexto histórico, daquilo com que tivemos contato até aquele momento

— naquele ano, naquele mês, naquela semana, naquele dia ou naquela hora. Tal visão nos permite ter mais facilidade de adaptação às transformações e, com isso, aumenta-se a taxa de resiliência.

Vivemos, portanto, dentro de Ambientes de Conhecimentos Progressivos e em Expansão, que são alterados, quando temos novas variáveis.

Não, não estamos repetindo Sócrates na ideia de "Só sei que nada sei".

Sabemos de algo que nos permite decidir hoje, mas não sabemos se isso valerá para a decisão do dia seguinte. Simples assim.

Diante da nossa impotência e da nossa limitação frente ao conhecimento da realidade, sugerimos que é mais prudente diante do conhecimento adotar uma filosofia de Certeza Provisória Razoável e, assim, combater o Dogmatismo.

Só para detalhar:

- Certeza: permite decidir em determinado momento e lugar, com os paradigmas e elementos que temos. Ou seja, é uma convicção conscientemente datada no tempo e no lugar.
- Provisória: noção clara de que a decisão tomada a partir dos paradigmas do momento com que temos contato poderá ser alterada no futuro, se dispusermos de mais elementos. É algo conscientemente passageiro.

> Razoável: abertura para rever os antigos paradigmas, sempre a partir de argumentos mais razoáveis e logicamente plausíveis.

Vejamos as duas atitudes epistemológicas e a repercussão na taxa de Dogmatismo:

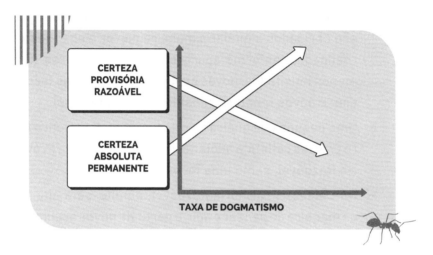

Muitos dos paradigmas que adotamos funcionaram, funcionam e funcionarão para determinado contexto, mas eles podem ser alterados, a partir de fatores como novas tecnologias, mentes brilhantes e fenômenos desconhecidos ou pouco estudados.

Podemos resumir esse trecho da narrativa da seguinte forma:

> O Dogmatismo causa problemas na hora de lidarmos com os fenômenos. Precisa ser diagnosticado e combatido.

> Sempre causou contratempos para qualquer pessoa e para a sociedade, ainda mais em momentos de forte concentração de mídia, como este de que estamos saindo.

> Tal distúrbio se torna um veneno perigoso quando estamos diante de grandes mudanças e num mundo cada vez mais flexível.

CIVILIZAÇÃO 2.0

> Pessoas com taxa elevada de Dogmatismo tendem a acreditar na Realidade Absoluta.

> O Dogmatismo gera teimosia e baixa flexibilidade, o que é um sério problema para um mundo cada vez mais mutante, que exige capacidade de aprender, desaprender e reaprender.

> Por não quererem ser surpreendidos, todos os sapiens são obrigados a mudar a maneira de ver e agir diante da realidade, conforme aparecem diversos fatores (fenômenos inusitados, novos conhecimentos, novas tecnologias e novas mentes brilhantes desconhecidas).

> Uma pessoa que queira se relacionar melhor com o futuro precisa refletir e adotar a filosofia da Certeza Provisória Razoável, como uma fórmula eficaz.

> Na Certeza Provisória Razoável, admite-se a alteração da maneira de pensar e agir, a partir de novos argumentos lógicos e razoáveis, que nos permitem mudar gradualmente e de forma segura.

Vamos em frente?

3.1.3 Superando o Zecapagodismo

O Zecapagodismo pode ser definido como:

Maneira de pensar e agir sobre o mundo com forte influência da visão que vem de fora para dentro, sobrepondo-se a que pode ser criada de dentro para fora.

Uma pessoa com elevada taxa de "Zecapagodismo" (deixa o filtro dos outros a levar) não percebe que tem uma assimilação interna (percebe que percebe) e não a exercita, não faz sua "musculação", para que possa ter uma vida mais autônoma.

Há uma junção tóxica da realidade com o Eu, como se fossem elementos integrados ("colados"), e isso impede que se possa pensar com mais autonomia.

O Zecapagodismo gera dificuldades num mundo cada vez mais mutante, a saber:

> Pouca autonomia para pensar de forma mais independente, a partir dos seus objetivos e propósitos (sugeridos na Felicidade Estrutural), com base em critérios lógicos construídos de dentro para fora.

> Baixa criatividade, gerando dificuldade de pensar de um modo mais original do que o do senso comum, com baixa capacidade crítica para analisar novos e velhos conhecimentos e separar o que é procedente e o que não é.

Para melhorar nossa autonomia e nossa criatividade, é preciso:

> Saber, antes de qualquer coisa, que existe uma percepção própria, interna, que existe algo entre nós e a realidade, um filtro que precisa "ganhar musculatura".

> É justamente esse trabalho de refletir rotineiramente sobre a percepção (filtro) que permite aumentar a autonomia e a criatividade de pensamento, adaptando-nos melhor a um cenário mais inovador.

Eis como nós encaramos essa relação Eu-Fenômenos:

> Eu: nossa identidade, visão progressiva sobre o que achamos que somos, sempre em mutação (e a partir daquilo que achamos que nos faz feliz) em contraposição com os fatos.
> Percepção: espaço interno, com o qual observamos o Eu e a Realidade e procuramos realizar uma síntese, aprimorando nossa forma de sentir, perceber, conceituar e narrar a realidade de uma forma mais eficaz.
> Fenômenos: aquilo que acreditamos ocorrer lá fora, e que também é sempre mutante e sujeito às variações mencionadas anteriormente.

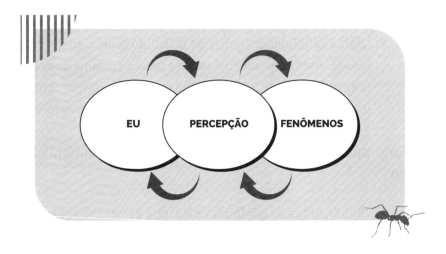

Uma pessoa que *não* tem consciência da percepção acaba criando uma linha direta entre os Fenômenos e o Eu. Reduz a capacidade de refletir sobre aquilo que está sentindo, pensando e fazendo, com uma taxa elevada de Zecapagodismo.

Vejamos a figura que procura espelhar essa baixa consciência da percepção:

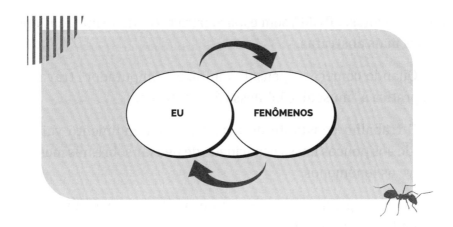

Uma pessoa com taxa elevada de Zecapagodismo recebeu e recebe uma série de ensinamentos, valores, ideologias e formas de pensar e agir — mas *não* consegue rever tais paradigmas, pois não tem espaço interno para refletir sobre eles.

Há uma baixa autonomia e baixa criatividade pela incapacidade de se criar espaço interno para analisar o que é e o que não é razoável.

Uma pessoa com taxa elevada de Zecapagodismo terá menos autonomia, pois está utilizando um "computador interno" com pouca "memória RAM", sem espaço para fazer determinadas operações mais abstratas.

Quando começa a "pensar" muito, o "computador" trava. Ela não pratica a "musculação" dessa área interna.

O trabalho constante de perceber o entendimento vai ampliando aos poucos nossa capacidade de pensar sobre nós mesmos e sobre os fenômenos.

Cria-se a prática do Diálogo Interno Progressivo, que vai expandindo a "memória RAM".

Uma pessoa com mais consciência de sua própria percepção, que dialoga com ela mesma, consegue filtrar melhor o que é razoável do que não é — e isso ajuda também a reduzir o Dogmatismo, visto anteriormente.

Mentes mais criativas e mais independentes têm não apenas a consciência da percepção, mas também a capacidade de expandi-la por meio da "musculação".

A Musculação da Percepção é a nossa sugestão para o combate ao Zecapagodismo.

Quando falamos que a pessoa reflete sobre a vida, estamos nos referindo ao espaço de percepção que passa a ser "musculado" rotineiramente, reduzindo assim o Zecapagodismo. Nesse momento, vale a sugestão da atitude filosófica da Certeza Provisória Razoável, que nos referimos antes.

Essa prática epistemológica da Musculação da Percepção representa nossa capacidade de exercitar constantemente o modo de pensar de dentro para fora, sobrepondo os "inputs", que vêm de fora para dentro.

PARTE III — Migrando para a nova Civilização 2.0 163

É como se fosse um jogo de pingue-pongue:

> O pingue é de fora para dentro.
> O pongue é de dentro para fora.

Isso vale para a imagem que você tem de si mesmo, mas vale também para sua percepção daquilo que acontece à sua volta. Com isso, você vai se tornando cada vez mais capaz de aprender e se adaptar melhor às mudanças.

E vice-versa.

Vejamos as duas atitudes epistemológicas e a repercussão na taxa de Zecapagodismo:

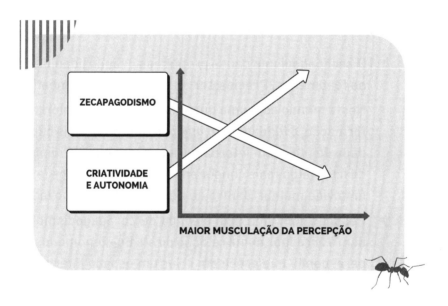

Quanto menos você consegue refletir sobre a percepção e estabelecer um diálogo interno com ela, menor será a capacidade de personalizar a sua visão de mundo e vice-versa.

A conhecida e popular expressão "sair da caixa", tantas vezes repetida, é na verdade um conceito tóxico, pois expressa exatamente o oposto do que deveria.

Ao invés de combater, a expressão "sair da caixa" alimenta o Zecapagodismo!

O que aumenta de fato nossa capacidade de inovação, autonomia e criatividade é justamente não "sair da caixa", mas identificar, conhecer e "dar musculatura" à "nossa própria caixa"!

Uma pessoa mais consciente e com maior autonomia de pensamento é justamente aquela que consegue perceber melhor a sua "caixa" e trabalha para ampliá-la.

Assim, qual é o problema e a nossa sugestão de mudança para combater a alta taxa de Zecapagodismo?

- ➤ O Zecapagodismo causa problemas quando lidamos com os fenômenos. Precisa ser diagnosticado e combatido.
- ➤ Neste mundo com uma quantidade cada vez maior de informação, é fundamental que possamos ter mais capacidade de filtragem interna para separar o joio ("mimimi") do trigo (algo mais consistente), o que poderá nos levar a uma vida melhor, dentro de um cenário mais inovador.
- ➤ Pessoas com uma taxa elevada de Zecapagodismo tendem a acreditar numa relação direta Eu–Fenômenos, não percebendo que precisam criar um espaço interno progressivo de filtragem: Eu–Percepção–Fenômenos;
- ➤ O Zecapagodismo gera pouca autonomia e baixa criatividade, dois venenos para um mundo cada vez mais empreendedor.
- ➤ É preciso questionar o conceito tóxico "sair da caixa" e colocar no lugar "olhar para sua própria caixa".

> Uma pessoa que deseja se relacionar melhor com o futuro precisa refletir e adotar a prática da Musculação da Percepção, para ter uma relação mais eficaz com os fenômenos;

> Com a Musculação da Percepção, graças ao exercício permanente, adquire-se um controle maior sobre ela, expandindo-a mais e mais dentro da sugestão filosófica da Certeza Provisória Razoável.

Vamos em frente?

3.1.4 Superando o Emocionalismo

> *"Tudo evolui, pois não há realidades eternas, nem verdades absolutas."*
> — Friedrich Nietzsche

O Emocionalismo pode ser assim definido:

Maneira de pensar e agir sobre o mundo muito mais emocional do que reflexiva. Perde-se aqui a capacidade de ter mais lógica diante dos fatos e fenômenos.

Num mundo mais mutante, o Emocionalismo gera as seguintes dificuldades:

> Pouca reflexão com atitudes impensadas e impulsivas, provocando decisões de baixa qualidade.

> Baixa capacidade lógica de analisar com mais lógica as emoções, percepções, conceitos e narrativas, tal as próprias como as dos outros.

Para melhorar nossa capacidade de refletir e criticar, é necessário:

> ➤ Criar uma escala para se trabalhar o conhecimento, como emoção, percepção, conceituação e narração.
>
> ➤ A emoção precisa ser vista como algo presente em todas as etapas do conhecimento, sendo o primeiro estágio do nosso contato com os fenômenos, numa escalada de reflexão.

O aumento da taxa de Emocionalismo é estimulado pelo senso comum de que existe uma dicotomia entre emoção e razão.

Acredita-se que a razão é o antônimo de emoção. Isso é absolutamente falso!

A razão pura não existe.

Vamos refletir:

> ➤ Uma pessoa considerada muito racional seria aquela que não se deixa emocionar de forma alguma — ou seja, é quase emocionalmente "free".
>
> ➤ Uma pessoa considerada emocional seria aquela que se deixa emocionar por tudo — ou seja, é quase racionalmente "free".

Mas, no nosso entender, todos os fenômenos *sempre* estão — e sempre estarão — cercados de emoções.

Conhecer fatos e fenômenos é aprender a lidar com as emoções que os cercam.

Por mais que reflita sobre qualquer problema, ninguém pode ser considerado 100% racional, pois a Razão Absoluta é outro mito existente, que atrapalha bastante nosso processo de pensar.

Conhecer não é *não* se emocionar. Pelo contrário, conhecer é refletir com alguma metodologia sobre as emoções.

O sapiens enxerga sempre a realidade emocionalmente!

Por isso, aprender de forma criativa é ter a consciência de que sempre estamos refletindo sobre as emoções para as reelaborar melhor.

É como se estivéssemos permanentemente lapidando a "pedra bruta" da emoção (natural espontânea) com a ferramenta da reflexão, criando "estátuas" melhores.

Como vemos na figura a seguir, os fenômenos vêm "embalados" de emoção:

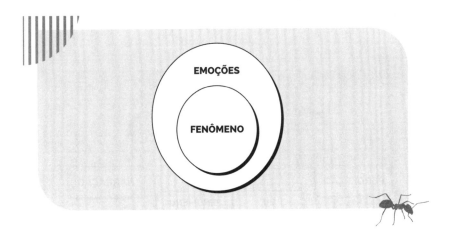

Na Bimodais, adotamos os ensinamentos da filósofa russa Ayn Rand (1905–1982), radicada nos Estados Unidos, que nos apresenta a seguinte escalada reflexiva sobre as emoções:

> Emoção: conjunto de sensações provocadas pelo contato direto com os fenômenos, com baixa taxa de reflexão.

> Percepção: primeira análise sobre as emoções, organizando-as um pouco melhor, com aumento da taxa de reflexão. A percepção, portanto, é o coletivo de emoções mais refletidas.

> Conceituação: segunda análise sobre as emoções e primeira sobre as percepções, organizando-as um pouco melhor, ampliando a taxa de reflexão. A conceituação é o coletivo de percepções mais refletidas.

> Narração (adendo que fizemos aos conceitos de Rand): análise geral e associada dos conceitos, ordenando-os com aumento da taxa de reflexão. A narração é o coletivo de conceituações mais refletidas.

Nesse contexto, o sapiens observa a realidade de forma indireta, promovendo filtragens permanentes, como vemos na figura a seguir:

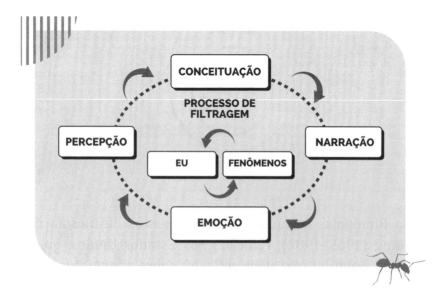

PARTE III — Migrando para a nova Civilização 2.0 **169**

Portanto, existe uma escalada necessária no processo de conhecimento:

> ➤ A emoção é o primeiro contato que temos com os fenômenos.

> ➤ O conjunto de emoções nos permite ter uma percepção.

> ➤ O conjunto de percepções nos permite conceituar.

> ➤ O conjunto de conceituações nos permite criar uma Narrativa, seja ela Individual (sobre problemas ao seu alcance) ou Coletiva (problemas gerais).

Aliás, esta escalada é a base dos processos terapêuticos. A pessoa recorre ao psicanalista para refletir sobre determinadas emoções.

As psicoterapias procuram incentivar o processo de redução da Taxa de Emocionalismo sobre os fatos e fenômenos.

É uma reflexão gradativa sobre as emoções que cercam os fenômenos, e não sobre os fenômenos em si.

Nossa sugestão para combater o Emocionalismo é a construção de uma Metodologia de Reflexão sobre as Emoções.

Esta Metodologia Progressiva sobre as Emoções prevê etapas de amadurecimento em várias camadas num modelo de espiral, partindo-se da emoção para a narrativa. Vejamos as duas atitudes epistemológicas e a repercussão na taxa de Emocionalismo:

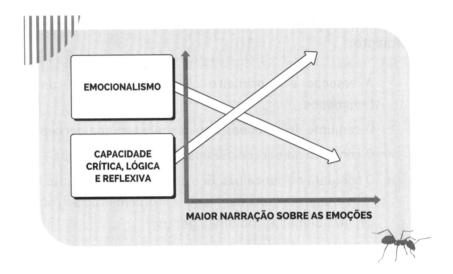

O objetivo dessa Metodologia Progressiva sobre as Emoções é permitir sentir, pensar e agir melhor diante dos nossos problemas individuais e coletivos, analisando os fatos e fenômenos com mais lógica.

Podemos resumir esse trecho da narrativa da seguinte forma:

> O Emocionalismo causa confusões ao lidarmos com fatos e fenômenos. Precisa ser diagnosticado e combatido.

> Neste mundo cada vez mais marcado por mudanças, é fundamental que possamos ter uma capacidade mais lógica diante de fenômenos para separar o joio (emoções não refletidas) do trigo (narrativas mais lógicas).

> Pessoas com uma taxa elevada de Emocionalismo tendem a acreditar numa contradição Emoção versus Razão, não percebendo que conhecer é refletir sobre emoções.

> O Emocionalismo conduz a decisões de baixa qualidade, num mundo muito mais competitivo do que antes.

PARTE III — Migrando para a nova Civilização 2.0

> A reflexão sobre as emoções ocorre em quatro etapas: emoção, percepção, conceituação e narração.
> Uma pessoa que quer se relacionar melhor com o futuro precisa refletir e adotar a prática da Narrativa sobre as Emoções, capacidade que temos de organizar nossa maneira de sentir, pensar e agir com muito mais lógica.
> A Narrativa sobre as Emoções reflete-se de um modo mais metódico, tomando decisões cada vez mais eficazes.

Vamos em frente?

Conclusão dos desafios da migração das pessoas para a Civilização 2.0

O objetivo da "Parte III: Migrando para a nova Civilização 2.0: superando a Macrocrise Psicológica" foi trazer alguns distúrbios emocionais importantes para que você esteja preparado para os desafios que temos pela frente.

Projetos de inovação de qualquer tipo precisam combater os problemas citados acima para que tenham mais capacidade de ajudar as pessoas a criarem mais e melhor.

Se você não tiver mais criatividade, mais abertura para mudar, além de autonomia, capacidade reflexiva sobre as emoções e um olhar mais lógico sobre a realidade, dificilmente conseguirá um bom desempenho nesse novo cenário.

Passada a fase individual, podemos agora falar das dificuldades das organizações para lidar com a Civilização 2.0.

Vamos?

3.2 Os desafios da migração das organizações para a Civilização 2.0

> *"Hoje, quando os pressupostos do passado estão se tornando obsoletos (...), reestruturar o pensamento é cada vez mais uma questão de sobrevivência."*
> — Leonard Mlodinow

Nossa maneira de sentir, pensar e agir diante de mudanças tinha as seguintes características:

- ➤ Mudanças quase sempre incrementais, no máximo radical e quase nunca disruptivas.
- ➤ O mesmo Modal Administrativo (nunca dois modais) com filosofias incompatíveis.
- ➤ Domínio da filosofia administrativa, considerada "imutável".
- ➤ Baixa taxa de empreendedorismo e de inovação.

Nossa maneira de enxergar e entender o mundo era compatível com essa realidade.

O objetivo destes próximos capítulos é a superação dos desafios emocionais e reflexivos dentro das organizações, para que possamos migrar para a Civilização 2.0.

Vamos?

3.2.1 Superando o Pragmatismo Inadequado

> *"Quem não sabe o que busca não identifica o que acha."*
> — Immanuel Kant

O Pragmatismo Inadequado pode ser definido:

Procura-se rever a forma de agir, mas não a de pensar.

O Pragmatismo Inadequado gera as seguintes dificuldades, em um momento de crise:

- ➤ Baixa resiliência: procura-se mudar a forma de agir, mas com os mesmos paradigmas de antes, sem uma análise mais reflexiva sobre a crise.
- ➤ Baixa competitividade: a insistência na velha forma de pensar gera perda de competitividade, pois não se faz a revisão necessária para que se possa competir num cenário incompreensível.

Para melhorar a taxa de competitividade de uma organização é preciso entender que existem dois momentos bem distintos na sociedade diante dos fenômenos, para guiar os projetos estratégicos:

- ➤ Momento de Normalidade: situação de estabilidade, em que os fatos e fenômenos estão "dominados", são previsíveis e assim se pode garantir que a forma de pensar e de agir sobre eles permanece válida.

> Momento de Crise (Anormalidade/Extraordinário): situação de instabilidade, em que os fatos e fenômenos passam a *não* estar mais "dominados", tornando-se imprevisíveis. É a forma de pensar e agir sobre eles que precisa de revisão; não adianta procurar enxergá-los com os mesmos "óculos".

O Pragmatismo Inadequado tem atrapalhado.

Agora, é necessário compreender que revisões filosóficas e teóricas são iniciativas práticas, pois permitirão às organizações a ter um operacional mais adequado ao novo cenário. É importante destacar que:

> Operacional não é sinônimo de prático.
> Teoria não é algo "não prático".

Portanto, precisamos questionar a famosa frase de que "uma coisa é a teoria e outra é a prática". Teorizar é refletir sobre a operação para que ela seja a mais produtiva possível.

Teoria não é contraposição de prática, mas de operação.

Uma boa teoria, assim como uma boa metodologia operacional, é extremamente prática.

Tomemos, por exemplo, uma fábrica durante o verão: se determinados produtos químicos passam a apresentar alterações no resultado por causa do calor excessivo, é preciso ir para o laboratório e rever a essência daqueles materiais.

Dessa revisão filosófica/teórica dos elementos, sairá uma nova metodologia e uma revisão dos processos para resolver um problema operacional.

Em suma, ter soluções para que os resultados continuem sendo os mesmos, apesar da temperatura mais alta.

No laboratório, será feita a revisão das essências (filosofia/teoria) daqueles elementos químicos — e isso terá impacto na metodologia e, por sua vez, na operação daquela fábrica, no verão. Vejamos então:

> Quando estamos diante de problemas conhecidos, os paradigmas atuais resolvem bem o problema operacional — não sendo prático refletir sobre nossa antiga forma de pensar.

> Quando estamos diante de problemas desconhecidos, os paradigmas atuais não resolvem bem o problema operacional e é *extremamente* prático refletir sobre nossos antigos paradigmas para que tenhamos novos, mais adequados aos novos fatos e fenômenos.

Quando se fala em mudar a forma de pensar, as pessoas dentro das organizações argumentam que é perda de tempo e o negócio é colocar a "mão na massa".

Mas o fato é que, sem um mapa adequado, como se poderá se chegar a um determinado ambiente de negócios de forma mais competitiva?

Crises de Paradigma significam que a forma como pensamos e agimos sobre determinado fenômeno precisa de uma revisão mais abstrata — o que será muito prático.

O Pragmatismo Inadequado acredita que *toda* mudança deve se restringir a uma alteração na forma de agir, e não consegue "parar para pensar", pois acha perda de tempo.

Para um Pragmático Inadequado, qualquer reflexão um pouco mais abstrata ou profunda sobre um problema será perda de tempo, pois tudo se resolve "no chão da fábrica".

Infelizmente, Pragmáticos Inadequados não conhecem as ideias do físico norte-americano Thomas Kuhn (1922–1996), que nos lembra com sua obra de que temos que variar nossa atitude diante dos fenômenos:

> No momento de normalidade, vale o pragmatismo, com revisões apenas incrementais e pontuais na metodologia e no operacional, por meio do Método Indutivo (paradigmas válidos para analisar os problemas).

> No momento de anormalidade, vale a revisão dos paradigmas, com reflexão dos conceitos de forma radical ou disruptiva, por meio do Método Dedutivo (novos paradigmas analisam os problemas).

Kuhn defendeu que, nas Crises de Paradigma, devemos deixar de lado o que é Normal (estabilidade, revisões incrementais, problemas operacionais, metodologias) e caminhar para o Extraordinário (instabilidade, revisões filosóficas, teóricas ou disruptivas dos conceitos). Segundo ele, nesses momentos de crise, temos uma Anomalia: são momentos em que o Pragmatismo começa a deixar de ser um remédio, passando a veneno e se tornando inadequado! Vejamos:

Momento de Normalidade:

> Quando os especialistas de determinados fatos e fenômenos conseguem, com toda a segurança, antecipar e prever os desdobramentos.

- Os paradigmas existentes sobre os fatos e fenômenos continuam válidos.
- Nesses momentos, não há necessidade de "soar nenhum alarme", pois basta a atualização Incremental dos Paradigmas Vigentes. O Pragmatismo está funcionando adequadamente.

Momento de Anormalidade:

- Quando os especialistas de determinado fenômeno *não* conseguem antecipar e prever os desdobramentos de um fenômeno analisado com segurança.
- Os paradigmas existentes não estão mais válidos.
- Nesses momentos, é necessário "soar o Alarme da Anormalidade", pois a atualização Incremental dos Paradigmas Vigentes não funciona mais, o Pragmatismo *não está mais funcionando adequadamente, está se tornando inadequado*.

Observemos a figura a seguir:

Bem como nesta outra:

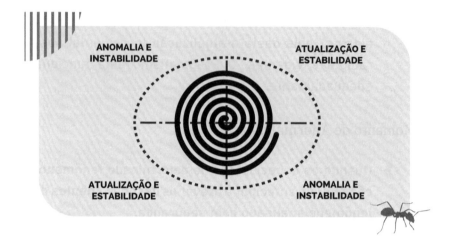

Consideremos as duas atitudes e a repercussão na taxa de Pragmatismo Inadequado:

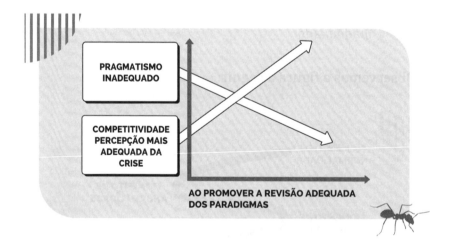

Pessoas muito pragmáticas tendem a trabalhar bem nos momentos de estabilidade e têm problemas na instabilidade não prevista.

Se temos uma inconstância não prevista, é sinal de que os paradigmas de projeção de cenário estão com problemas.

Há um erro na forma de pensar e projetar os cenários que precisa ser corrigido. E isso não será feito no operacional nem na metodologia, mas em camadas mais abstratas do pensamento.

Tudo se resolve no operacional e qualquer coisa fora disso é pouco "prática".

Porém há situações que exigem mudança na forma de pensar, pois:

> ➤ Há revisões filosóficas e teóricas que precisam ser feitas, que são extremamente práticas para balizar as metodologias e o operacional.
> ➤ Há necessidade de se analisar que tipo de mudanças estruturais podem estar ocorrendo fora dos paradigmas consolidados.

Existem determinados momentos da nossa vida e das organizações quando temos mudanças estruturais, onde é preciso decretar uma Crise de Paradigma, na qual é imprescindível rever a forma de pensar e não apenas de agir!

Nesses momentos de passagem da Normalidade para a Anormalidade, recomenda-se passar da Indução (Método Indutivo) para a Dedução (Método Dedutivo). Vejamos:

Método Indutivo de Análise:

> ➤ Análise dos fatos, considerando-se que os paradigmas filosóficos e teóricos continuam válidos.

> Em geral, nos momentos de estabilidade, utiliza-se a Ciência Normal, em que os fenômenos estão dominados pelas Narrativas Científicas do passado.

> O Método Indutivo de Análise trabalha principalmente na Metodologia e na Operação, não "subindo" para questões mais abstratas (Filosóficas e Teóricas).

> É um método mais concreto, que parte dos fatos para os conceitos.

Método Dedutivo de Análise:

> Análise dos fatos, considerando-se que os paradigmas filosóficos e teóricos estão com problema de eficácia, gerando adversidades metodológicas e operacionais.

> Em geral, é utilizado nos momentos de instabilidade, quando estamos em transição para a Ciência Extraordinária.

> Esse método trabalha com conceitos mais abstratos (Filosofia e Teoria), que mais adiante servirão de base para a revisão das Metodologias e do Operacional.

> É um método mais abstrato, que parte da revisão dos conceitos para depois reanalisar os fatos.

Repare que nenhum dos dois Métodos de Análise (Indutivo e Dedutivo) é melhor do que o outro, eles apenas se revelam mais adequados para determinado contexto — estabilidade (Indução) e instabilidade/Ciência Extraordinária (Dedução).

O Método Indutivo não é "mais prático" do que o Dedutivo, pois vai depender do momento.

O que será sempre mais hábil é saber utilizar o método adequado para cada uma das situações (estabilidade/instabilidade), já que são duas ferramentas distintas para fins específicos: chave de fenda para parafusos e martelos para pregos.

Assim sendo, a mudança de método é extremamente prática. Se os paradigmas têm algum problema, o melhor é iniciar o processo de revisão dos conceitos filosóficos e teóricos, e só então criar novas metodologias, que terão impacto no operacional.

(Eis aí um erro vital que estamos cometendo diante do Digital: queremos entender uma Crise de Paradigmas sem a revisão dos conceitos. É muita indução e pouca dedução, diante de uma grande anomalia.)

Como demonstrado na figura a seguir, cada um dos Métodos de Análise funciona nisso que na Escola Bimodal chamamos de Edifício do Pensamento:

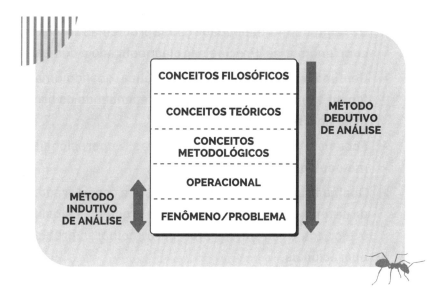

No Edifício do Pensamento — com seus respectivos "andares" interagindo entre si e voltados para a solução de problemas

—, temos a aplicação dos dois Métodos de Análise, Indutivo e Dedutivo.

O Edifício do Pensamento demonstra que há uma relação objetiva (e prática) entre os diferentes andares, o que nos permite resolver problemas na forma de pensar ou de agir.

No Edifício do Pensamento, criamos uma conexão dos diferentes ambientes de discussão (em cada um dos andares) sobre determinado fenômeno, que esteja causando algum tipo de complicação. Procuramos resolvê-lo no andar em que ele precisa ser repensado, admitindo que tudo está encadeado!

Quanto mais próximo é o problema do Operacional, mais o Método Indutivo será utilizado e vice-versa.

Podemos resumir este trecho da narrativa da seguinte forma:

> ➤ O Pragmatismo Inadequado causa problemas ao lidarmos com fenômenos. Precisa ser diagnosticado e combatido.
>
> ➤ Confundimos operacional com prática, quando uma boa filosofia sempre é muito prática, dependendo do problema e da circunstância.
>
> ➤ Focamos apenas problemáticas operacionais e metodológicas.
>
> ➤ Qualquer pensamento mais abstrato é considerado perda de tempo, mesmo quando temos problemas filosóficos e teóricos a serem revistos para melhorar problemas operacionais.
>
> ➤ Num momento de crise, como o que vivemos agora, é preciso modificar a forma como estamos acostumados a lidar com problemas. É preciso sair do operacional e da metodologia para rever paradigmas mais acima, no Edifício do Pensamento.

PARTE III — Migrando para a nova Civilização 2.0 183

> Organizações com uma taxa elevada de Pragmatismo Inadequado tendem a não gostar muito de pensamentos mais abstratos.

> Uma organização que quer se relacionar melhor com o futuro precisa refletir e adotar as ferramentas da Revisão de Paradigmas, o Método Dedutivo e o Edifício do Pensamento.

> Com tais ferramentas, pode-se lidar melhor com a Revolução Midiática Civilizacional, que temos pela frente.

Vamos?

3.2.2 Superando a Inovação Unimodal para a

Inovação Bimodal Administrativa
— "Inovar não é reformar." Edmund Burke

Hoje, quando organizações tradicionais de todos os tipos abordam o tema da Transformação Digital (metodologia de inovação que tem como objetivo tornar as organizações mais competitivas na nova Civilização), o que se está propondo na verdade é a Digitalização.

Digitalizar é utilizar as novas tecnologias dentro do mesmo modelo administrativo — a gestão, Administração Sonora.

Por causa dessa forma de pensar o novo século, pondera-se quase sempre projetos de Transformação Digital dentro do modelo de Inovação Unimodal (mesmo modelo administrativo) e não Bimodal (dois modelos administrativos).

Na hora de migrar, é preciso deixar bem claro que Digitalizar não é Uberizar. E que a Digitalização não pode ser feita em escala, ou seja, ser exponencial.

É preciso ter consciência de que os Úberes não são líderes de mercado porque são projetos digitalizadores, mas porque são projetos uberizadores.

É preciso entender que atualmente os líderes de mercado são uberizados. Assim, para migrar para a nova Civilização 2.0, tem-se necessidade de começar uma aculturação nessa nova Filosofia Administrativa.

Os projetos de Transformação Digital em empresas tradicionais são todos focados em Digitalização — com apenas um Modal Administrativo, e não dois.

Digitalizar é preciso, então Uberizar para quê?

Note que a palavra "transformar" (ao se referir à Transformação Digital) é a junção de "trans" (migrar) com uma "forma" (formação).

Portanto, é preciso definir, inicialmente: qual é a nova formação? Qual é a tampa da caixa do quebra-cabeças que vai guiar a organização em seu projeto de migração?

Como vimos mais acima, o primeiro passo fundamental é adotar uma Narrativa Conceitual consistente, para que se possa entender o fenômeno.

Aliás, o grande diferencial competitivo hoje em dia não são as pessoas nem as tecnologias, mas a visão de futuro que será utilizada para guiar o projeto de Migração.

Se você acha que a Narrativa Conceitual Bimodal é consistente, passe a ter a sua "tampa do quebra-cabeças". A partir daí, cabe a pergunta:

Com a Narrativa na mão, qual é o próximo passo?

Praticar a Inovação Bimodal Administrativa!

Vejamos o conceito geral e depois aplicado ao caso específico da situação atual:

> ➤ Inovação Unimodal: quando temos apenas um modal, que precisa apenas de uma equipe (caso típico e clássico de qualquer projeto de inovação).
> ➤ Inovação Bimodal: quando temos dois modais, dois modelos diferentes, que precisam de duas equipes separadas.

Isso é exemplificado em:

No passado, quando resolveu desenvolver o Kindle (2007), a Amazon utilizou o Modelo de Inovação Bimodal Tecnológica/Novos Negócios.

A empresa de Jeff Bezos optou pela Inovação Bimodal, pois o Kindle era um produto disruptivo dentro dos negócios da própria empresa, que até então tinha como venda os livros físicos.

O Kindle tirou mercado de seu negócio, o que poderia gerar atritos entre as equipes. Era um projeto novo, que alterava bastante a forma de consumo de livro — por isso justificou-se o uso da Inovação Bimodal.

Era um processo de "suicídio competitivo planejado" dentro da corporação da Amazon.

No suicídio competitivo planejado, uma organização percebe uma nova oportunidade de negócios e resolve competir consigo mesma para evitar que um concorrente o faça.

A Amazon foi mais além: não só utilizou a Inovação Bimodal Tecnológica/Novos Negócios, mas foi Bimodal de forma secreta. Fizeram um ambiente separado e escondido para desenvolver o Kindle.

Se eles anunciassem internamente que iam partir para aquela opção, poderia haver uma forte resistência interna de gestores da própria empresa contra o novo projeto, porque ele ia contra os interesses de vários grupos internos. O que fizeram?

Criaram um projeto em zona separada para o desenvolvimento secreto do Kindle.

(Isso está descrito no livro *Amazon — A loja de tudo*, de Brad Stone. Ver na Bibliografia Bimodal Recomendada)

Por que fizeram isso?

- O Kindle era um projeto que rompia com o passado de forma disruptiva.
- O Kindle era descontinuidade.
- O Kindle prejudicava os interesses internos da própria empresa.

A solução encontrada foi a Inovação Bimodal Tecnológica/Negócios:

- Bi: dois.
- Modal: duas modalidades ao mesmo tempo.

PARTE III — Migrando para a nova Civilização 2.0   187

> Tecnológica/Negócios: mudanças de tecnologias, abrindo novas frentes de negócio.

Quando há necessidade de manter paralelamente dois modais, por diferentes motivos, recomenda-se a Bimodalidade.

Certamente, caso a Amazon melhorasse o Kindle, não precisaria de uma área separada, porque é o mesmo Modal, o mesmo modo melhorado — já não se trata de uma descontinuidade.

Uma área separada se justifica quando existe uma descontinuidade.

Isso exige uma equipe que vai pensar e agir de forma diferente, rompendo com uma Tecnocultura arraigada que não percebe, não quer, resiste ou não tem perfil para lidar com as demandas do novo projeto.

Quando analisamos os projetos de inovação das organizações tradicionais diante do Digital, o que observamos é o largo uso da Inovação Unimodal Incremental — em geral, tecnológica.

Ao passo que se criam áreas separadas, um modelo de Inovação Bimodal é sempre de Tecnologia, algumas vezes de novos negócios, mas nunca se pensa na alternativa da Inovação Bimodal Administrativa.

São Inovações Bimodais, porém não há o diagnóstico da necessária aculturação e preparação de novos projetos para um novo Modelo Administrativo, incompatível com o atual.

E é aí que sugerimos um tipo diferente de Bimodalidade. Assim:

> Unimodal: continua-se enxergando apenas a Administração Sonora como grande meta competitiva em curto,

médio e longo prazo. Tudo caminha na direção da Digitalização dos mesmos processos.

> Bimodal Tecnológico/Negócios: utiliza-se uma área separada, mas para desenvolver projetos dentro do mesmo Modelo Administrativo.

> Bimodal Administrativo: já se percebe que é preciso caminhar para a Curadoria (Administração por Rastros) como a grande meta competitiva em curto, médio e longo prazo. Há dois ambientes: um deles continua com a Digitalização (modal 1) e o outro (modal 2) parte para a Uberização/Blockchenização, com forte mudança filosófica administrativa.

A Bimodalidade aqui sugerida não deve ser utilizada para o desenvolvimento de novas tecnologias, nem de novos negócios com o mesmo Modelo Estrutural Administrativo, mas para migrar de um Modal Administrativo (modo lobo) para outro (modo formiga).

Vale a regra para defender a Inovação Bimodal Administrativa:

Se você plantar semente de Gestão Tomate não nascerá muda de Curadoria Kiwi de jeito nenhum!

Assim, o Modelo de Inovação Unimodal cabe muito bem para:

> Projetos incrementais.

> Dentro da mesma filosofia.

> Dentro da mesma cultura e do mesmo Modelo Estrutural Administrativo.

> Desde que não tire o status dos antigos líderes.

O modelo de Inovação Bimodal Tecnológico/Negócios cabe muito bem:

- Para projetos radicais ou disruptivos.
- De uma nova filosofia.
- A partir de uma nova Tecnocultura.
- Que modifique radicalmente o status e a competência dos antigos líderes.

A Inovação Bimodal Administrativa passa a ter duas áreas:

- Modal 1 (Gestão): que deve continuar a operar projetos incrementais, por meio da Administração Sonora.
- Modal 2 (Curadoria): que deve se aculturar na nova forma de resolver problemas, via Administração por Rastros.

A Inovação Bimodal Administrativa é uma opção para qualquer organização, na demanda de projetos em paralelo bem diferentes, visando resultados parecidos da seguinte maneira:

- Área separada para projeto de Uberização;
- Área interna para melhorias incrementais na Digitalização.

O objetivo do Modal 2 é:

- Monitorar o mercado uberizado, dominando a forma de pensar e agir.
- Capacitar na Narrativa Conceitual Bimodal que explique e ajude a entender todo o contexto.

- Analisar oportunidades da Uberização no setor específico.
- Arriscar os primeiros projetos nesse campo.

Recomenda-se ao Modal 2:

- Recursos independentes.
- Equipe independente.
- Modelo administrativo mais adequado, para que a equipe funcione bem (podendo haver hierarquia, pois a curadoria é feita com a comunidade externa).
- O trabalho com perfil Inquieto (pessoas que gostam e querem desafios).

Vamos?

3.2.3 Superando a Gestoria

Tenho operado com uma Plataforma de Cursos que trabalha no conceito de Gestoria.

Na Gestão, o comando central controla tudo:

- Pessoas.
- Acervo.
- Qualidade de produtos e serviços.

Na Curadoria, só são controladas as regras dos algoritmos, que definem a forma como a comunidade vai se autogerenciar.

Já na Gestoria, uma mistura venenosa entre Gestão e Curadoria, temos o emaranhado de que pode-se incluir algo no acervo, mas o pseudocurador precisa aprovar.

Nesta combinação, temos um administrador com os pés em duas civilizações diferentes, uma vez que ora ele é o gestor lobo, ora é o curador formiga.

O problema da Gestoria é a impossibilidade quantitativa de gerenciamento num mercado com acesso a criar novas ofertas.

Existe um problema de gerenciamento de complexidade exponencial na Gestoria em que o gestor lobo não consegue resolver a contento.

Teremos também inevitavelmente um problema de "fila", pois haverá cada vez mais coisas para o gestor lobo aprovar, muito acima daquilo que ele consegue dar conta.

Por isso, os projetos de Curadoria que funcionam são exatamente aqueles que adotam a filosofia das formigas, o autogerenciamento, por meio de algoritmos.

Conclusão dos desafios da migração das organizações para a Civilização 2.0

Ao fazer uma pesquisa com lideranças ligadas ao Digital e perguntar "O Uber é um novo modelo de negócios ou um novo modelo administrativo" é bem provável que quase 100% das pessoas ainda digam que é um novo modelo de negócios. Isso porque a ideia de que o sapiens pode alterar Modelos Administrativos Estruturais não faz parte do repertório administrativo atual.

Não temos a dimensão exata do que significa a chegada de novas Mídias. Por isso, todo o processo de inovação — que chamamos de Transformação Digital — é feito no Modelo de Inovação Unimodal.

A Gestão continua do mesmo jeito — com a mesma filosofia —, apenas com mais e mais tecnologia, dentro do processo de Digitalização.

Isso gera competitividade?

Embora não se possa estabelecer uma data, teremos no futuro pouquíssimas organizações que praticarão a Gestão como conhecemos hoje.

Há uma Cegueira Competitiva que precisa ser superada. Há uma paralisia que impede que se tomem decisões mais adequadas.

Conclusão da Parte III

Uma das principais questões que foram levantadas neste novo século é: como competir neste novo Tecnoambiente?

- ➤ Organizações tradicionais perdem valor rapidamente.
- ➤ Profissões desaparecem.
- ➤ Novos "gigantes" surgem do nada.
- ➤ Há novas formas de vender serviços e produtos.

É preciso desaprender bastante e aprender continuamente.

Vimos acima os desafios pessoais e organizacionais, que exigem uma superação de hábitos na nossa forma de sentir, pensar e agir diante dos problemas.

O processo não é fácil, mas é necessário.

CONCLUSÃO GERAL

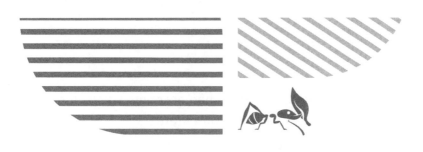

Conclusão geral

Novos hábitos vão sendo criados e concebem objeções para quem estava acostumado com os antigos e se beneficiava deles.

Momentos Bimodais (final de uma era e início de outra) são marcados pelo embate entre duas Civilizações, entre dois sapiens, entre dois Tecnoplanetas distintos, que duram um longo período.

O futurista John Naisbitt (1929–2021) nos ensina o seguinte:

*"O futuro não é temporal,
mas regional."*

O que podemos observar em relação ao passado é que, nesses momentos Bimodais de transição, existem duas zonas regionais, e não temporais:

> ➤ Zonas de Futuro e de Atração: são áreas, organizações, pessoas, profissionais e pensadores que conseguem entender (de um jeito mais claro que os demais) as novas possibilidades abertas pelas novas Tecnologias Centrais. A partir daí, começam a sugerir formas de agir e pensar

diferentes, que antes não eram possíveis. Isso gera um ganho gradual de valor e status.

> Zonas de Passado e de Abandono: aquelas áreas, organizações, pessoas, profissionais e pensadores que *não* entendem (de um jeito mais claro que os demais) as novas possibilidades abertas pelas novas Tecnologias Centrais. Desde então, começam a insistir em resolver os problemas de complexidade da mesma maneira pelo modelo antigo. Isso gera perda gradual de valor e status.

Assim, a espécie humana não adere a novas possibilidades tecnológicas de uma forma unida, na base do "todos juntos" e "agora, vamos em frente". Cria-se um momento de tensão entre os dois modelos — o que marcou diversos milênios, séculos ou décadas, de acordo com cada caso.

As Zonas de Futuro e de Atração são aquelas que operacionalizam a solução de problemas complexos com as novas alternativas do novo Modelo Estrutural Administrativo mais sofisticado.

O que acontece em momentos assim é uma disputa civilizacional dentro das mesmas regiões, entre pessoas de diversas organizações.

Há uma opção individual e coletiva de adesão ou não às novas Tecnopossibilidades abertas pela nova Civilização 2.0. Cada pessoa, profissional ou organização terá que optar entre ser vagão ou locomotiva neste novo século. Ninguém poderá decidir pelo outro, isso terá que partir de dentro para fora. Dessa escolha nascem as oportunidades e os riscos.

Para entender a Bimodalidade, é preciso compreender que haverá muitos conflitos nesses momentos. Mas não se pode perder de vista que o futuro irá na direção da sofisticação midiática-administrativa, no caminho da descentralização do uso intenso e criativo das novas Tecnopossibilidades.

Vale a pena concluir o texto com a frase de Matt Ridley, um otimista mais reflexivo, como eu:

"O século XXI será um século maravilhoso para se viver."

A Bimodal — Futurismo Competitivo

O que vimos neste livro é a Narrativa Bimodal criada de forma participativa dentro da Bimodais — Futurismo Competitivo.

Somos uma escola de dupla função:

> Somos criadores de uma narrativa inovadora sobre o futuro, adotando o modelo de Escolas de Pensamento do passado.
> Somos, ao mesmo tempo, uma Escola de Formação Digital, utilizando todos os recursos possíveis de interação para tornar nosso trabalho cada vez mais flexível, eficaz e simples para quem chega e para quem fica.

A escola foi criada no Brasil em 2018 e opera totalmente pela internet, por meio do uso intenso do WhatsApp, Telegram, Youtube e Google Drive.

O desafio da Bimodais teve início com os pesquisadores canadenses da Escola de Pensamento de Toronto (mais conhecida como Escola de Comunicação de Toronto ou Escola de Comunicação Canadense), a partir de 1950, com destaque para Harold Innis

(1894–1952), Eric Havelock (1903–1988) e Marshall McLuhan (1911–1980).

Ao compartilhar do mesmo ponto de partida ("mudou a mídia, mudou a sociedade"), temos a intensa produção intelectual nas últimas duas décadas do filósofo tunisiano, radicado no Canadá, Pierre Lévy.

(Repare que estamos aqui acumulando e felizes em dar continuidade ao trabalho de mais de setenta anos de análise sobre as alterações de mídia na sociedade. Agradecemos a todos eles!)

Nós nos beneficiamos também da fértil produção intelectual de diversos outros autores, que consideramos principais para a escola com diferentes abordagens integradas e sintetizadas, gradualmente à Narrativa Bimodal, em destaque: Thomas Malthus (1766–1834), Adam Smith (1723–1790), Ayn Rand (1905–1982), Thomas Kuhn (1922–1996), Friedrich Hayek (1899–1992), Ludwig von Mises (1881–1973), Imre Lakatos (1922–1974), Clay Shirky (1964–presente), Matt Ridley (1958–presente), entre outros.

Sou Curador da Bimodais desde 2018, e agora conto com o apoio dos Pensadores Bimodais permanentes da nossa escola. O que apresentamos aqui é um diagnóstico sobre a nova Era Digital, sem a ansiedade de venda rápida de livros, palestras e afins.

(Se você quiser saber mais sobre os detalhes operacionais da nossa forma de pensar e agir, conheça este documento: https://bit.ly/bimcentraldoc.)

Consideramos a Bimodal "A melhor escola de Futurismo do Brasil", porque somos os únicos que:

➤ Baseiam a narrativa na Macro-história.

➤ Trabalham com a Antropologia Cognitiva — ciência emergente.

>> CIVILIZAÇÃO 2.0

> Organizam-se e ministram aulas via WhatsApp e Telegram desde o início.

> Produzem material didático, via Google Drive.

> Justamente por tudo isso, apresentam a narrativa mais consistente do mercado, acertando nas previsões — o que é o mais importante, quando se fala em Futurismo.

Além de comercializar cursos, somos uma Escola de Pensamento — no sentido clássico do termo.

Uma Escola de Pensamento é a união voluntária e espontânea de diversos pesquisadores em torno de determinadas ideias e conceitos, chamadas de Núcleo Duro, como sugere o epistemólogo Imre Lakatos (1922–1974).

O Núcleo Duro é formado pela união de alguns poucos conceitos estruturantes (em geral, filosóficos-teóricos) que permitem a junção do trabalho cooperativo de vários pesquisadores.

Os pesquisadores consideram que aqueles conceitos centrais são mais razoáveis do que outros. Com esse fundamento, analisam e agem sobre determinado fenômeno, dando origem assim a uma Escola de Pensamento.

Escolas de Pensamento servem para amadurecer os debates diante de determinado fenômeno:

> Na Psicologia — Lacaniana, Freudiana, Junguiana.

> Na Educação — Montessoriana, Piagetiana.

> Na Economia Austríaca, de Chicago e Keynesiana.

Assim, Escolas de Pensamento são criadas para defender abordagens filosóficas, teóricas e/ou metodológicas específicas sobre determinado fenômeno.

O objetivo das Escolas de Pensamento é desenvolver novas e antigas Narrativas Científicas para defender novos e antigos pontos de vista a respeito de determinado fenômeno, contrapondo-se ou reforçando o que é estabelecido e sempre procurando explicações melhores.

Escolas de Pensamento têm um Núcleo Duro comum, com saudáveis variações de interpretações entre seus diversos integrantes.

Diferentemente das religiões, Núcleos Duros não são dogmas fechados.

Quando há divergências entre pesquisadores da mesma escola sobre tópicos centrais do Núcleo Duro, a tendência é eles se dividirem, criando vertentes distintas da Escola de origem.

Escolas de Pensamento têm por objetivo se distanciar de conceitos dogmáticos, de ideologias fechadas e de qualquer tipo de utopia. Nas grandes mudanças civilizacionais ao longo da história, é comum surgirem novas.

Por exemplo, a chegada do alfabeto na Grécia, como nos ensinou Eric Havelock (1903–1988), permitiu o surgimento da filosofia. Com ela, surgiram várias Escolas de Pensamento, como a de Platão e depois a de Aristóteles.

Depois da Idade Média, com a chegada da prensa de tipos móveis (1450), tivemos o surgimento de várias escolas artísticas, filosóficas e teóricas, no período do Renascimento — que representou o resgate e a atualização das ideias da Grécia Antiga.

É comum o surgimento de Escolas de Pensamento depois de Revoluções Midiáticas Civilizacionais como a que vivenciamos agora. Elas procuram promover os ajustes conceituais necessários — do Modelo de Pensamento anterior para o novo Modelo.

Um dos casos clássicos de novos ares após Revoluções Midiáticas Civilizacionais é o de René Descartes (1596–1650) com o livro *O Discurso do Método* (1637), base para que os pensamentos míticos e religiosos pudessem dar lugar às formulações mais lógicas e científicas, depois da Idade Média.

Aproveitando-se das mudanças advindas da chegada da escrita impressa, Descartes e vários outros filósofos criaram as bases conceituais do pensamento contemporâneo, sofisticando o antigo modelo e o tornando mais compatível com a Complexidade Progressiva.

O Núcleo Duro da Bimodais — Escola de Pensamento Digital está centrado na percepção de que:

> ➤ Somos uma Tecnoespécie.
>
> ➤ Promovemos Revoluções Midiáticas Civilizacionais recorrentes.
>
> ➤ Através delas, fazemos um ajuste entre nosso Modelo Estrutural de Sobrevivência e a Complexidade Demográfica existente.

Estes são os elementos-chave da Antropologia da Sobrevivência — nossa Ciência Master.

Antropologia da Sobrevivência é o estudo histórico comparativo das Macromudanças do sapiens, em sua forma de se comunicar e de se organizar para sobreviver.

Repare que a Antropologia da Sobrevivência é um campo novo, emergente e ainda experimental, com diversas lacunas que exigirão muito tempo e esforço para serem preenchidas.

É um campo em desenvolvimento, transdisciplinar e focado no problema:

O que são Revoluções Midiáticas Civilizacionais e como devemos explicar e agir diante delas?

A Narrativa Bimodal tem assim uma série de conceitos encadeados, que a figura a seguir permite conhecer com mais facilidade:

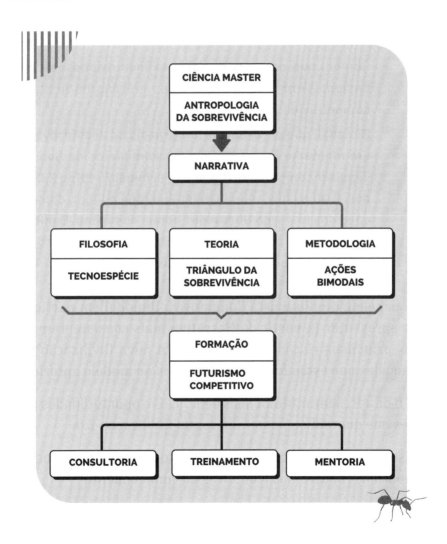

O foco da Bimodais — Escola de Pensamento Digital é a formação de profissionais de Futurismo Competitivo, que possam treinar e prestar consultoria e mentoria de diferentes áreas da sociedade.

Detalhemos, então, o conceito de Futurismo Competitivo Bimodal:

> Futurismo: projeção das macrotendências no médio e longo prazo;

> Competitivo: com foco na sobrevivência de pessoas, profissionais e organizações de todas as áreas, na direção da competitividade;

> Bimodal: que percebe que neste início de século vivemos um momento Bimodal. Dois Macromodelos de Sobrevivência incompatíveis (Lobos X Formigas/Gestão X Curadoria), que convivem no mesmo tempo e lugar, como é o caso dos táxis, do Uber e dos hotéis do Airbnb. Conhecer os princípios do novo modelo estrutural permite projetar novas formas de permanecer competitivo.

O papel de um Futurista Competitivo Bimodal em particular é o de apresentar (a partir da Narrativa mais consistente possível) os principais riscos e ameaças que a nova Civilização traz para aqueles que estão fortemente imersos no modelo anterior.

É o de apresentar também os benefícios e oportunidades para aqueles que querem ousar ser líderes na Civilização 2.0.

Este livro é resultado das nossas pesquisas, em que procuramos abordar, em diversas fronteiras do conhecimento:

> A percepção de que o sapiens tem e altera (mesmo que raramente) seu Modelo Estrutural de Sobrevivência, a partir da chegada de novas mídias.

> Faz isso por ser uma Tecnoespécie.

> O motivo central dessas mudanças é a Complexidade Demográfica Progressiva.

> A grande mudança neste novo século é a passagem disruptiva no Modelo Estrutural de Sobrevivência do Modo Lobo para o Modo Formiga.

São mudanças de paradigma filosóficos e teóricos, visíveis apenas na Macro-história.

Tenho consciência de que são hipóteses novas e ousadas, mas que conseguem apresentar uma explicação melhor, aumentando a chance de nos anteciparmos ao que virá.

Você pode duvidar delas, pois agora (mais do que nunca) cada pessoa, profissional, organização ou região precisa de uma Narrativa sobre o Digital consistente para definir uma série de ações em sua vida.

Vamos fazer uma comparação da nossa Narrativa com as outras do mercado.

Vamos comparar a Narrativa Bimodal com o que você encontra atualmente no intenso e tumultuado Mercado das Narrativas sobre o futuro:

COMPARAÇÃO DA NARRATIVA BIMODAIS COM AS DEMAIS	
NARRATIVAS DO MERCADO	NARRATIVA BIMODAL
Não fazem recorrências históricas, e quando fazem não acertam na natureza do fenômeno. Por causa disso, não contam com a experiência dos pensadores de Escolas de Pensamento do passado, especialistas no fenômeno estudado.	Faz recorrência histórica, procura acertar na natureza do fenômeno e conta com a Escola de Comunicação de Toronto, que estuda mudanças de mídia há mais de setenta anos.
Produção de Narrativa por autores que trabalham de forma isolada.	Produção coletiva da Narrativa, por meio do uso intenso de WhatsApp e Telegram, com Pensadores Bimodais de todo o Brasil, que estudam o tema há anos e ajudam na elaboração da mesma.
Não apresentam as bases epistemológicas (ferramentas de laboratório) da Narrativa.	Apresentam as bases epistemológicas (ferramentas de laboratório) da Narrativa;
Desenvolvem a narrativa sem o conceito de Escola de Pensamento.	Desenvolvem a narrativa a partir do conceito de Escola de Pensamento.
Não apresentam o detalhamento dos fenômenos recorrentes anteriores (memória de cálculo) da Narrativa.	Apresentam o detalhamento dos fenômenos recorrentes anteriores (memória de cálculo) da Narrativa.

À primeira vista, pode ser que tais diferenças não façam sentido para quem está chegando, mas para quem estuda o fenômeno e precisa de algo mais consistente perceberá a diferença no tempo.

No entanto, só o futuro nos dirá quais das narrativas atuais sobreviverão ao longo do tempo e se manterão válidas; já entre os livros atualmente badalados, quais ainda serão lidas e quais virarão "suporte de mesa".

Para saber se as teses aqui apresentadas fazem sentido, é preciso tomar como métrica o que o futuro pode oferecer, e não aquilo que pode ser questionado agora pelos críticos de plantão.

De antemão, é possível distinguir aquelas que são feitas com critérios mais lógicos daquelas menos rigorosas.

É bom lembrar que uma Narrativa Futurista é válida para:

- ➤ Gerar prognósticos.
- ➤ A partir dos prognósticos, formar ações estratégicas.
- ➤ A partir das ações estratégicas, constituir pessoas e organizações, que evitaram vários riscos e puderam se aproveitar melhor das oportunidades abertas.
- ➤ Apontar hoje previsões sobre eventos futuros, que nos ajudem agora a sentir, pensar e decidir melhor.

O que apresentamos nesta versão do texto é a Certeza Provisória Razoável, inclusive a versão desenvolvida até aqui, com tudo que tínhamos ainda no momento presente de fatos e textos disponíveis na fronteira da nossa capacidade intelectual.

O texto deste livro vai continuar e novos ajustes serão feitos para que possamos auxiliar cada vez mais nessa difícil tarefa de:

"Ajudar pessoas, profissionais e organizações a lidarem melhor com o Digital."

Nesta fase final da jornada, inspirados por Bill Wilson, fundador do AA (Alcoólicos Anônimos), deixamos a pergunta no ar: Gostou da Narrativa? Acha que é melhor do que as demais?

"Leve adiante!"

Glossário Bimodal

Apresentamos aqui, em ordem alfabética, os novos conceitos criados para compor a Narrativa Conceitual Bimodal. Repare que vários deles podem ter sido retirados da versão final deste livro, mas foram mantidos como um registro histórico de tudo o que já criamos.

Ações Bimodais: atividades metodológicas para promover a migração de organizações tradicionais para o novo modelo, através da criação de áreas de inovação separada com este propósito específico.

Administração por Rastros: modelo estrutural administrativo em que o epicentro (informação e decisão) é moldado pelos rastros (estrelas, notas, curtições etc.).

Administração Sonora: modelo estrutural administrativo em que o epicentro (informação e decisão) é moldado por sons (oral/escrito), memorandos, reuniões, cartas ou e-mails.

Anatomia do Fenômeno: estudo dos diferentes níveis do fenômeno: filosófico (fator causante), teórico (fator detonante e consequente) e metodológico (fator atuante).

Anomalia Científica ou do Conhecimento: momento em que determinadas Narrativas Científicas começam a demonstrar sinais claros de obsolescência.

Antropologia da Sobrevivência: estudo histórico das macromudanças do sapiens em sua forma de se comunicar e se organizar para sobreviver.

Antropologia Cognitiva: estudo histórico da chegada das mídias na sociedade, com as respectivas mudanças provocadas no tecnoplaneta.

Aumento Populacional Progressivo: fenômeno específico do sapiens, pois ao alterar as tecnologias, modifica-se o macromodelo de sobrevivência.

Bimodalidade (de Modelos Estruturais): no início de revoluções midiáticas civilizacionais existem dois modelos em disputa, com grande acirramento.

Blockchenização: chegada de novos canais, o que permitirá a massificação da linguagem dos rastros.

Bolhas Midiáticas: ambiente em que o sapiens vive, limitado pelo potencial das mídias disponíveis.

Cálculo do Futuro: alegoria para chamar a atenção, em que fazemos contas sobre o que irá ocorrer, entrando na estratégia de criação de cenários.

Canais Digitais: a parte hardware de uma revolução midiática digital.

Canais Interativos: a parte hardware de qualquer Revolução Midiática, que altera basicamente a relação de tempo e lugar.

Cegueira Tecnocompetitiva: dificuldade de pessoas e organizações para entender as macromudanças provocadas por tecnologias. Há uma ilusão de que o modelo de negócio está situado numa base permanente e imutável.

Certeza Provisória Razoável: atitude epistemológica que nos coloca sempre com a posição de dúvida diante da realidade, mas que nos permite tomar decisões a partir das narrativas razoáveis que temos a cada momento.

Ciência Extraordinária: momento em que as narrativas científicas passam a criar moldes para suprir a crise de paradigmas.

Ciência Normal: momento em que as narrativas científicas conseguem explicar com eficácia os fenômenos a que se dedicam, gerando anomalia e crise de paradigma.

Ciclo Civilizacional: o mesmo que era civilizacional, momento em que se abre a possibilidade de alterar o modelo estrutural de sobrevivência do sapiens.

Civilização 2.0: nova etapa humana, em que passamos a copiar o macromodelo de sobrevivência das formigas.

Compartimentação Profissional: problema de a pessoa abrir mão de sua diversidade ao ingressar em uma organização, gerando uma divisão interna entre o que gostaria e o que consegue realizar como profissional.

Complexidade Demográfica Progressiva: característica de algumas espécies que podem aumentar o patamar populacional.

Complexidade Progressiva dos Problemas: situação dos problemas humanos que se tornam mais complexos com o tempo, em decorrência do aumento populacional.

Conceitos de Cozinha e Sala: estratégia de apresentação de conceitos sinônimos; na sala, de forma mais aberta e popular (nas palestras mais curtas); na cozinha, mais sofisticados e mais densos (nos workshops, com mais tempo). Vale também para o tipo de público, mais ou menos operacional ou estratégico.

Confiança Uberizada: fruto da linguagem dos rastros, que permite a troca entre ex-desconhecidos.

Curador: aquele que exerce o modelo de organização sem controle direto sobre os membros da espécie — no caso do sapiens, é aquele que organiza os ambientes de consumo sem interferir na qualidade ou no acervo.

Curadoria: nova forma de administração possível com o uso das novas linguagens.

Déficit Tecnocultural: diferença entre o que precisamos modificar na Tecnocultura e a nova complexidade demográfica, com a solução estrutural surgindo apenas com a chegada de novas mídias.

Descentralização Progressiva: movimento do sapiens, no sentido de transferir um número cada vez maior de decisões para as pontas.

Digital: um nome curto para apresentar o que chamamos de era, revolução, mundo e nova civilização.

Distúrbio Epistemológico: problema causado por desconhecimento ou mau uso das ferramentas epistemológicas.

Diversificação de Massa: potencial das revoluções midiáticas civilizacionais para aumentar de forma massiva a taxa de diversidade, indo contra a padronização de massa.

Diversidade Variável: variedade potencial do sapiens para reduzir ou incentivar a diversidade, através dos mecanismos de centralização ou descentralização de cada sociedade, variando a taxa de diversidade praticada.

DNA Civilizacional: conjunto de alicerces das mídias (canal e linguagem) que definem o modelo estrutural de sobrevivência.

Empoderamento Informacional: fenômeno caracterizado pela chegada de novos canais de interação, quando uma população aumenta radicalmente a taxa de conhecimento em um curto período.

Epistemologia Bimodal: conjunto de protocolos científicos que constituem a base para a nossa análise de qualquer fenômeno — em particular, das revoluções midiáticas civilizacionais e da revolução midiática civilizacional digital.

Era Civilizacional: novas fases da macro-história humana marcadas pelo surgimento de novas mídias, que alteram o macro-modelo de interação.

Era Civilizacional Digital ou Era Digital: fase da macro-história marcada pela chegada pelas tecnologias midiáticas digitais.

Escola de Pensamento: grupo de cientistas que estudam determinado fenômeno, tendo em comum algumas premissas básicas, chamadas de núcleo duro.

Escrita 2.0: nome dado ao aparecimento da prensa, que massificou a escrita manuscrita.

Espécies Sociais: designação genérica das espécies que vivem em grupos, como o sapiens.

Espécies Sociais Genéticas: designação genérica das espécies que vivem em grupos e que apenas alteram o modelo de sobrevivência de forma genética.

Espécies Sociais Tecnogenéticas: designação genérica das espécies que vivem em grupos, como o sapiens, e que alteram o modelo de sobrevivência de forma tecno e genética.

Espiral Civilizacional: ciclo completo de uma revolução, desde o surgimento das novas mídias até o início de novo crescimento populacional.

Felicidade Conjuntural: aquela que é obtida em momentos pontuais e casuais, não caracterizando necessariamente uma estratégia de vida.

Felicidade Estrutural: aquela que caracteriza necessariamente uma estratégia de vida, envolvendo propósito de longo prazo.

Fenômeno Macro-histórico Recorrente: nome dado a um fenômeno que se repete ao longo da história, tais como recessão, inflação, pandemias, guerras ou golpes políticos.

Fenômeno Midiático: nome dado a um fenômeno que tem início com a chegada de novas tecnologias midiáticas.

Ferramental Epistemológico: conjunto de conceitos utilizados como estruturador da narrativa e que fazem a diferença na análise de determinado fenômeno.

Ferramentas Interativas: o mesmo que Mídias.

Filtradores Distribuídos ou Descentralizados: o mesmo que validador contextual.

Filtro Individual: capacidade de cada indivíduo para desenvolver critérios razoáveis para tomar decisões.

Futurismo Competitivo: ramo profissional dedicado ao estudo do futuro em médio e longo prazo (diferente dos modismos, que analisam somente o curto prazo), visando fornecer subsídios para que pessoas, profissionais e organizações possam tomar decisões estratégicas melhores.

Futurista Competitivo: profissional que tem por missão treinar, prestar consultoria e mentoria, usando ferramentas futuristas.

Futurista de Entretenimento: profissional que tem por missão apresentar cenários futuros para programas de entretenimento.

Futuro Disruptivo/de Descontinuidade: aquele em que as premissas, as formas de pensar e a filosofia administrativa são diferentes da atual.

Futuro Incremental/de Continuidade: aquele em que as premissas, as formas de pensar e a filosofia administrativa são próximas da atual.

Gestor: administrador da Gestão, da Civilização 1.0, que toma decisões e se informa com base em dados sonoros.

Hiper Micro-história: designação genérica dos ciclos históricos de meses ou anos.

Hipocrisia Organizacional: distância (ou diferença) entre aquilo que uma organização diz fazer e aquilo que ela realmente faz.

Histórico do Fenômeno: estudo histórico de determinado fenômeno para identificar recorrências, essência, distinção e natureza.

Índice Coletivo: nome dado ao conjunto de indicadores que permitem às pessoas tomarem decisões de forma descentralizada.

Índices Uberizados: designação genérica dos indicadores produzidos pelos rastros digitais. Sinônimo de reputação uberizada.

Inovação Unimodal ou Bimodal: conjunto de modelos diferentes, mais ou menos adequados, conforme a demanda de mudança; Unimodal é continuidade e bimodal, descontinuidade.

Inovação Bimodal Administrativa: inovação Bimodal que visa criar duas áreas com filosofias administrativas distintas, fundamental para o momento atual.

Interação Horizontal: recursos que o sapiens passa a ter (gradualmente) com o advento das novas mídias, no sentido de poder receber e repassar informações para seus pares, das pontas para as pontas.

Interdependência Obrigatória Progressiva: situação em que o sapiens cria interdependência para poder sobreviver, em momentos de crescimento demográfico, obrigando-o a alterar, de tempos em tempos, o macromodelo de sobrevivência da espécie, num movimento progressivo.

Latências de Sobrevivência Não Atendidas: nome dado às demandas não priorizadas pela sociedade, em função do controle exercido pelos produtores hegemônicos de informação nos canais de interação disponíveis.

Líderes Contextuais no Formigueiro: modelo de comando e controle utilizado pelas formigas, que só pode ser utilizado quando se trabalha com a linguagem dos rastros. Ao descobrir determinada vantagem competitiva, cada membro da comunidade a dissemina para os outros através de rastros químicos (feromônios).

Linguagem Conjuntural: designação genérica dos idiomas falados em diferentes regiões.

Linguagem Digital: a parte software de uma revolução midiática digital.

Linguagem Estrutural: designação genérica das diferentes fases do uso das linguagens pelo ser humano: gestual, oral, escrita, digital e por rastros.

Linguagem Digital dos Rastros: nova linguagem humana inspirada nas formigas.

Linguagem de Sobrevivência: forma escolhida de interação pelos animais.

Linguagem de Sobrevivência Sonora: forma de interação escolhida pelos animais baseada no som.

Linguagem de Sobrevivência Química dos Rastros: forma escolhida de interação pelos animais baseada em rastros químicos deixados no chão.

Linguagem de Sobrevivência dos Rastros: adaptação do ser humano à linguagem das formigas utilizada nos Úberes e Wazes, que permite avaliar fornecedores e consumidores, eliminando assim o antigo líder alfa.

Macroambiente Midiático Administrativo: conjunto de pensamentos e ações influenciados pelo macrotriângulo de sobrevivência anterior ao novo.

Macroanomalia: momento da história, quando as bases filosóficas que explicam nossa origem e desenvolvimento se tornam obsoletas.

Macrocrise Civilizacional: momento macro-histórico, em que ocorre aumento demográfico e centralização de mídia, provocando a obsolescência das organizações e acarretando massificação e perda de qualidade na prestação de serviços, num ambiente de desarmonia cada vez maior para o triângulo de sobrevivência do sapiens.

Macrocrises Estruturais de Sobrevivência: o mesmo que macrocrise civilizacional.

Macrocrise de Paradigma: conceito derivado de Thomas Kuhn, que se caracteriza por uma anomalia de várias ciências (no caso das que estudam a sociedade humana) diante de um macrofenômeno.

Macrofiltro Informacional: conjunto das ideias que passam a circular na sociedade, em função do modelo de sobrevivência praticado.

Macrofenômeno Social: nome dado aos fenômenos com fatores causantes e consequentes, que só podem ser analisados em séculos ou milênios.

Macrofronteiras Tecnoculturais: nome dado às fronteiras limitadas pelas mídias disponíveis, pelas novas mídias e pelas novas fronteiras tecnoculturais.

Macro-história: designação genérica dos ciclos históricos de séculos ou milênios.

Macromodelo de Interação: forma pela qual o sapiens interage, por meio das tecnologias midiáticas disponíveis.

Macromodelo Estrutural de Sobrevivência: nome dado ao modelo comum a todas as espécies (incluindo o sapiens), numa relação harmônica entre patamar de complexidade demográfica, modelo de interação e modelo de comando e controle. Também chamado de macroambiente de sobrevivência.

Macromodelo Estrutural de Sobrevivência das Formigas/Lobos/outras espécies: modelo baseado na linguagem de sobrevivência química dos rastros e do comando e controle com líderes contextuais.

Macromodelo de Sobrevivência Genético e Tecnogenético: nome dado ao modelo que se adapta por mudanças genéticas ou por mudanças tecno e genéticas, como no caso do sapiens.

Macromodelo de Sobrevivência dos Mamíferos/Insetos: modelo baseado na linguagem sonora e de comando e controle com líderes alfas fixos ou por rastros sem líder alfa, com líderes contextuais.

Macromodelo de Sobrevivência Tecnocultural: modelo que se adapta através de mudanças genéticas e tecnológicas.

Macroparadigmas: paradigmas relacionados às perguntas básicas do ser humano, entre elas: quem somos? Como nos adaptamos ao longo da nossa jornada?

Macro-sobrevivência: nome genérico dos movimentos do sapiens, na alteração do macromodelo de sobrevivência, no sentido de promover ajustes entre o teto demográfico, o macromodelo de interação e de decisão.

Mapa de Futuro: nome dado ao diagnóstico da sociedade em momentos de mudança, para que pessoas, profissionais e organizações possam tomar melhores decisões sobre o curto, médio e longo prazo.

Mercado de Narrativas: designação genérica dos que produzem conteúdo destinado a explicar, de diversas maneiras, o mundo digital.

Meso-história: nome dado aos ciclos históricos de décadas ou séculos.

Método Dedutivo de Análise: análise dos fatos a partir dos paradigmas filosóficos e teóricos considerados inválidos.

Método Indutivo de Análise: análise dos fatos considerando que os paradigmas filosóficos e teóricos continuam válidos. Usado, em geral, nos momentos de estabilidade, quando os fenômenos estão dominados pelas narrativas científicas de Plantão.

Microcivilizações: designação genérica das civilizações localizadas em áreas específicas, como os Maias e os Astecas. Diferenciam-se da macrocivilização, conjunto de toda a espécie, e que chamamos aqui de civilização.

Micro-história: nome dado aos ciclos históricos de década ou anos.

Mídias ou Midiáticas: ferramentas responsáveis pela interação humana.

Modal 1 e 2: áreas da inovação bimodal administrativa, em que se utilizam os dois modelos estruturais de administração: no Modal 1, a sonora; no Modal 2, a por rastros.

Modelo de Comando e Controle para a Sobrevivência: nome dado a uma das partes do macromodelo de sobrevivência. A outra é o modelo de intermediação da sobrevivência.

Modelo Estrutural de Sobrevivência: forma que as espécies sociais estabelecem para sobreviver, combinando interação, decisão e quantidade de membros.

Modelo Estrutural de Sobrevivência Genético: modelo praticado pelas outras espécies, que não sofre mudança no tempo.

Modelo Estrutural de Sobrevivência Genético-Tecnológico: modelo praticado pelo sapiens, que se altera no tempo.

Modelo de Intermediação da Sobrevivência: nome dado a uma das partes do macromodelo de sobrevivência. A outra é o modelo de comando e controle.

Modelo de Comando e Controle da Sobrevivência do sapiens: modelo que define o modo como tomamos decisões. Diferentemente das outras espécies, nosso modelo é tecno e, portanto, mutante e progressivo.

Modelo de Intermediação da Sobrevivência do sapiens: modelo que define o modo como interagimos.

Modista: profissional que se dedica à antecipação de determinadas tendências de curto prazo. É um contraponto ao futurista, que trabalha sempre no médio e longo prazo.

Momento Bimodal: passagem entre duas civilizações, que ocorre agora na chegada do século e já ocorreu em outras revoluções midiáticas civilizacionais.

Mundo Digital: o mesmo que Era Digital.

Narrativa Bimodal: conjunto de conceitos que procuram detalhar o fenômeno da Revolução Midiática Civilizacional 2.0, com seus dois macroambientes de sobrevivência: o mamífero e o das formigas — daí o nome Bi (duas) e modal (formações).

Narrativa Científica: conjunto de conceitos articulados para a compreensão de determinado fenômeno, tendo como premissa os fatores causantes, detonantes, consequentes e atuantes, além de sempre procurar e apontar recorrências históricas.

Narrativa Coletiva: conjunto de conceitos articulados para dar coerência aos fenômenos sociais/coletivos com que lidamos todos os dias.

Narrativa de Futuro: visão escolhida conscientemente por cada pessoa, profissional e organização para definir o cenário do amanhã.

Narrativa Individual: conjunto de conceitos articulados para dar coerência aos fenômenos individuais com que lidamos todos os dias.

Narrativas Propagandísticas: conjunto de emoções e percepções articulado para compreender determinado fenômeno, não tendo como premissa os fatores causantes, detonantes, consequentes e atuantes — sem preocupação com recorrências históricas. Utilizada sobretudo para venda, mais do que como explicação.

Novo Renascimento: nova era civilizacional análoga ao período do Renascimento no final da Idade Média, em que haverá a volta da valorização da filosofia, ética e de habilidades cognitivas — como criatividade, imaginação e pensamento abstrato próprios para lidar com os problemas da complexidade demográfica progressiva.

Núcleo Duro: conjunto dos diversos novos conceitos que estruturam o trabalho cooperativo de vários pesquisadores, para analisar determinado fenômeno de forma diferente do padrão vigente, dando origem a uma Escola de Pensamento.

Organizações Uberizadas: designação das empresas que já utilizam a curadoria e a linguagem dos rastros digitais.

Padronização de Massa: potencial dos períodos entre as revoluções midiáticas civilizacionais (principalmente ao final de uma delas) para aumentar a taxa de personalização de forma massiva, indo contra a diversificação de massa.

Patamar Básico de Sobrevivência ou de Sustentabilidade: quantidade de alimentos que devem ser consumidos pelo total máximo de membros de cada espécie social.

Pensadores Bimodais: grupo de pessoas formadas na narrativa bimodal e que integram o corpo presente e ativo da bimodais.

Perfil Epistemológico: nome dado à forma como uma pessoa lida internamente com a realidade, definindo-se como dogmático ou criativo.

Planetariamente Interdependentes: situação do sapiens apoiada na ideia de que ele ocupa o planeta e não nichos do planeta, como as outras espécies.

Plataformas Blockchenizadas: designação das plataformas distribuídas, que usam a linguagem por rastros e não controlam, apenas atualizam os algoritmos de forma descentralizada.

Plataformas Centralizadas Digitais: novos canais digitais, que permitem a quebra de tempo e de lugar.

Plataformas Midiáticas: conjunto das mídias disponíveis na sociedade em que o sapiens utiliza para sobreviver com mais qualidade.

Glossário Bimodal « 225

Plataformas Uberizadas: nome dado às plataformas que utilizam a linguagem por rastros, mas são centralizadas, controlando e atualizando os algoritmos.

Problemas Complexos: designação genérica dos desafios da espécie que envolvem grande quantidade de demanda e oferta.

Problemas Estruturais de Sobrevivência: nome dado aos desafios baseados na relação "número de membros/demandas para sobreviver" a que o sapiens recorre. Nas outras espécies são fixos; na nossa, progressivos.

Problemas Estruturais Fixos de Sobrevivência: nome dado aos desafios baseados na relação "número de membros/demandas para sobreviver", e que no caso das outras espécies sociais são fixos.

Problemas Estruturais Progressivos de Sobrevivência: nome dado aos desafios baseados na relação "número de membros/demandas para sobreviver", e que no caso do sapiens são progressivos.

Qualidade de Personalização: indicador de que há produtos, mas a personalização é baixa ou alta.

Qualidade de Sobrevivência: índice que mede a forma como determinada região lida com o problema de sobrevivência.

Qualidade da Validação: índice que mede a forma como determinada organização consegue concatenar o processo entre pessoas, produtos e serviços para oferecer resultados confiáveis.

Quantidade de Produção: indicador de que não há produtos para todos.

Rastros Químicos: padrão de linguagem que as formigas utilizam para se comunicar.

Rastros Digitais: adaptação feita pelos sapiens no processo de uberização para se comunicar, imitando a linguagem das formigas.

Realidade Absoluta: fantasia humana de que é possível para o ser humano chegar a uma realidade definitiva e permanente.

Realidade Parcial: constatação de que o ser humano nunca poderá chegar a uma realidade absoluta, final, definitiva.

Recorrências de Fenômenos: pesquisa histórica que procura investigar os momentos em que determinado fenômeno ocorreu.

Reputação Uberizada (Voluntária ou Involuntária): possibilidade que o novo modelo estrutural de sobrevivência permite na criação de rastros, aumentando a taxa de confiança a distância entre desconhecidos.

Revolução Midiática Civilizacional: macrofenômeno histórico recorrente de macrossobrevivência, iniciado pela chegada de novas mídias (canal e linguagem).

Revolução Midiática Civilizacional Recorrente: designação genérica de fenômenos que se repetem no tempo.

Revolução Midiática: fenômeno social recorrente provocado pela chegada de novas tecnologias de mídia, alterando os canais e/ou as linguagens que utilizamos para interagir.

Seletor das Ciências: passagem da ciência normal para a extraordinária e vice-versa.

Seletor do Método de Análise: nome dado ao momento em que é preciso sair do método de análise indutivo para o dedutivo ou vice-versa.

Sintetizadores da Nova Civilização: designação genérica dos pensadores de todas as áreas que procuram criar formas de agir e pensar para se incorporar às novas possibilidades do novo tecnoplaneta.

Sobrevivência Sustentável: modelo estrutural de sobrevivência que permite uma espécie enfrentar desafios e permanecer viva.

Solução Civilizacional Temporariamente Centralizadora: situação histórica ocorrida no século passado, quando tivemos aumento populacional com mídias mais centralizadas.

Sub-revoluções Sociais: designação genérica dos desdobramentos de revoluções midiáticas civilizacionais que impactam em diversos setores — como consequências e não como causa.

Taxa de Reflexão: índice que afere o grau de reflexão eficaz sobre determinada ideia, estudo, fenômeno ou argumento.

Taxa de Confiança Horizontal: índice que afere a capacidade de realização de negócios diretos entre pessoas que não se conhecem.

Taxa de Transparência: índice que afere a capacidade da população de determinado tempo e lugar para ter acesso a maior quantidade de informação de várias fontes.

Tecnologias Estruturantes: tecnologias que constituem a base imperceptível de vários modelos de negócio.

Tecnobarreira: limite imposto ao sapiens por determinada tecnologia, a partir do qual é impossível continuar realizando um tipo de ação.

Tecnobarreira Estrutural: limite imposto ao sapiens pelas tecnologia centrais, a partir do qual é impossível continuar realizando determinada ação.

Tecnocultural: característica marcante de nossa cultura que nunca foi tecnopura, e sim criada dentro de parâmetros tecnológicos.

Tecnoespécie: espécie que utiliza tecnologias para sobreviver. O sapiens é a única tecnoespécie. (Se alienígenas chegassem ao planeta em discos voadores, também o seriam.)

Tecnofenômeno: fato ou acontecimento marcado pela chegada de uma nova tecnologia à sociedade, permitindo uma série de mudanças que antes não eram possíveis.

Tecnofenômeno Central: fato ou acontecimento marcado pela chegada e massificação de novas mídias.

Tecnonatureza do Negócio: aspecto definidor de que todo negócio sempre se baseia em algumas tecnologias estruturantes, que se forem alteradas comprometem sua competitividade.

Tecnopossibilidade: espaço aberto para que se possam aproveitar as oportunidades trazidas por novas tecnologias.

Tecnologias Digitais: tecnologias relativas diretamente à computação.

Tecnoambiente: contexto definido pelas tecnologias disponíveis.

Tecnobarreira: limites humanos em função das tecnologias disponíveis.

Tecnofenômeno: fenômeno social, advindo do surgimento de novas tecnologias.

Tecnologias Midiáticas: ver mídias.

Tecnoplaneta: sentimento ou ideia de que vivemos num planeta próprio, sempre cercado de tecnologias.

Tecnomacromodelo de Sobrevivência: padrão civilizacional de sobrevivência baseado em tecnologias, exclusivo do sapiens.

Tecnomutante: característica da nossa espécie, a única que pode alterar o macromodelo de sobrevivência, por ser baseado em tecnologias.

Tecnopureza: ideia fantasiosa de que as tecnologias não influenciam a sociedade, quando chegam e se massificam.

Teto Demográfico Máximo: limite de tamanho de cada espécie, em função do macromodelo de sobrevivência escolhido. Inexiste no sapiens, por sermos uma tecnoespécie.

Teto Demográfico Progressivo: limite de tamanho das demais espécies, em função do macromodelo de sobrevivência escolhido. Inexiste no sapiens, por sermos uma tecnoespécie.

Texto Progressivo: nome dado ao texto produzido online com a participação dos pensadores bimodais (como o que deu origem a este livro).

Triângulo da Sobrevivência: macromodelo de sobrevivência formado pela harmonia entre o teto demográfico máximo, o macromodelo de intermediação e o macromodelo de comando e controle.

Uberização: fenômeno caracterizado pela mudança no modelo estrutural de sobrevivência, com a chegada de novas mídias, que permitem um novo modelo de decisão/administração.

Úberes: designação genérica de empresas que utilizam o novo macromodelo de sobrevivência do sapiens, baseado na linguagem dos rastros digitais.

Vácuo Tecnocultural: espaço aberto no tecnoplaneta, após a chegada de novas tecnologias.

Validador Contextual: mecanismo que legitimiza um "motorista" nos Úberes com rastros a cada "viagem" que faz.

Validação da Confiança Horizontal: nome dado à avaliação feita por validadores contextuais.

Validação da Confiança Vertical: nome dado à avaliação feita por validadores centrais.

Administração por Rastros (da Curadoria) e/ou Centralizada (da Gestão): possibilidade de regularizar pessoas, produtos e serviços, de uma forma ou de outra na Gestão ou na Curadoria.

Zecapagodismo: designação metafórica de um tipo específico de postura diante do conhecimento, em que a pessoa se deixa levar e influenciar pelo que os outros dizem, e não pela sua capacidade de refletir — comportando-se, como na canção, na base do "deixa a vida (o pensamento dos outros) me levar".

Zona de Atração ou Abandono: espaços ou áreas geográficas que resistem à utilização do potencial do novo macromodelo de sobrevivência, não resolvendo problemas complexos e gerando assim fluxo de saída para as zonas de atração.

Zona de Futuro e/ou de Presente: espaços ou áreas geográficas que passam a utilizar o potencial do novo macromodelo de sobrevivência, resolvendo problemas complexos (o que antes não era possível) e gerando fluxo de entrada de quem sai das zonas de abandono.

Zonas de Experimentação do novo Macromodelo: espaços ou áreas geográficas em que o novo macromodelo começa a ser experimentado para solucionar antigos problemas.

Bibliografia Bimodal Recomendada

TABELA DA BIBLIOGRAFIA BIMODAL RECOMENDADA		
LIVRO	**AUTOR**	**COMENTÁRIO**
CRIAÇÃO IMPERFEITA	MARCELO GLEISER	Útil para refletir sobre realidade parcial ou absoluta. Tema: epistemologia.
ADMINISTRAÇÃO 3.0	CARLOS NEPOMUCENO	Narrativa anterior da escola. Escrito em 2017 e publicado em 2018. Ainda está válido (não recomendo os dois mais antigos).
CIBERCULTURA	PIERRE LÉVY	Toda a obra de Lévy é interessante. Este é o melhor.
OTIMISTA RACIONAL	MATT RIDLEY	Faz um histórico das trocas humanas. É um autor que pensa no futuro descentralizado.
A ESTRUTURA DAS REVOLUÇÕES CIENTÍFICAS	THOMAS KUHN	Chave para entender como saímos de crises de paradigmas. O autor é epistemólogo.
A REVOLUÇÃO DA ESCRITA NA GRÉCIA E SUAS CONSEQUÊNCIAS CULTURAIS	ERIC HAVELOCK	Integrante do Núcleo da Escola de Toronto. Um pesquisador e tanto.
LEVAR ADIANTE	COMUNIDADE AA	Importante para entender a administração por rastros oral e o marketing de atração sem evangelização.

Bibliografia Bimodal Recomendada

TABELA DA BIBLIOGRAFIA BIMODAL RECOMENDADA		
LIVRO	**AUTOR**	**COMENTÁRIO**
INTRODUCCIÓN A LA EPISTEMOLOGIA OBJETIVISTA	AYN RAND	Fundamental para balizar conceitos de epistemologia. Não disponível em português, infelizmente.
SAPIENS	YUVAL HARARI	Recomendo a parte que trata da Revolução Cognitiva Oral.
CHANGING CONCEPTS OF TIME	HAROLD INNIS	Fundador da Escola de Toronto. Vale leitura para conhecimento das origens do nosso núcleo duro.
ENSAIO SOBRE A POPULAÇÃO	THOMAS MALTHUS	Só se aproveita 1/3 das ideias de Malthus, mas vale a leitura por curiosidade. Ajuda a entender nosso conceito de complexidade demográfica progressiva.
AÇÃO HUMANA	LUDWIG VON MISES	Parceiro de Hayek. Ajuda na ideia de que o ser humano quer sempre o melhor.
AQUI VÊM TODOS	CLAY SHIRKY	Autor com boas sacadas, mas que não postula métodos.
RIQUEZA DAS NAÇÕES	ADAM SMITH	Fundamental para entender o conceito de ordens espontâneas e descentralismo progressivo.
OS MEIOS DE COMUNICAÇÃO COMO EXTENSÕES DO HOMEM	MARSHALL MCLUHAN	Não é leitura fácil. O autor é o idealizador e o mais influente da Escola de Toronto, do qual herdamos vários conceitos.
CAMINHOS DA SERVIDÃO	FRIEDRICH VON HAYEK	Importante para o nosso conceito de índices coletivos.
AMAZON — A LOJA DE TUDO	BRAD STONE	Importante para o conceito de inovação bimodal.
ELÁSTICO: COMO O PENSAMENTO FLEXÍVEL PODE MUDAR NOSSAS VIDAS	LEONARD MLODINOW	Ajuda bastante a narrativa com pesquisas mais detalhadas sobre as crises emocionais e intelectuais que temos nesse novo cenário.

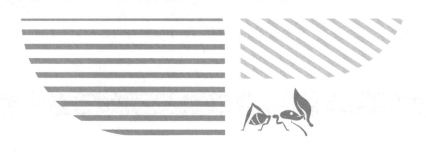

Bibliografia Bimodal Complementar

DESCARTES, René. **Discours de la Méthode suivi de La Dioptrique.** Paris: Gallimard, [1637] 1997.

BELL, Daniel. **O advento da sociedade pós-industrial.** São Paulo: Cultrix, 1973.

BRIGGS, Asa; BURKE, Peter. **Uma história social da mídia: de Gutenberg à internet.** Rio de Janeiro: Jorge Zahar, 2006.

BUCKLAND, Michael K.; LIU, Ziming. **History of Information Science.** ARIST- Annual Review of Information Science and Technology, 1995, v.30, p. 385–416.

BURKE, Peter. **Problemas causados por Gutenberg: a explosão da informação nos primórdios da Europa moderna.** Estudos Avançados, 2002, vol.16, n.44, p. 173-185. Disponível em: http://www.scielo.br/scielo.php?script=sci_arttext&pid=S0103-4014 2002000100010&lng=en&nrm=iso. Acesso em: 25 abril.2020.

_____. **Uma história social do conhecimento: de Gutenberg a Diderot.** Rio de Janeiro: Jorge Zahar, 2003.

BUSH, V. **As we may may think.** Atlantic Monthly, 1945, v.176, n.1, p.101–108. Disponível em: http://www.theatlantic.com/doc/194507/bush Acesso em: 25 abril.2020.

CAPRA, Fritjof. **O ponto de mutação**. São Paulo: Cultrix,1982.

CASTELLS, M. **A sociedade em rede**. São Paulo: Paz e Terra, 2001.

_____. **A galáxia da Internet: reflexões sobre a internet, os negócios e a sociedade**. Rio de Janeiro: Jorge Zahar, 2003.

CAVALCANTI, Marcos; NEPOMUCENO, Carlos. **O conhecimento em rede: como implantar projetos de inteligência coletiva**. Rio de Janeiro: Campus, 2006.

CAVALLO, Guglielmo (org.). **História da leitura no mundo ocidental**. Coleção Múltiplas Escolhas. Vol.1. Rio de Janeiro: Ática, 1998. Tradução do original Histoire da la lecture dans le monde occidental. Paris: Laterza du Seuil, 1997.

CHARTIER, Roger. **A Aventura do livro do leitor ao navegador**. São Paulo: UNESP, 1997.

CROCE, Benedetto. **A história — pensamento e ação**. Rio de Janeiro, Zahar, 1962.

FISCHER, Steven R. **A história da leitura**. São Paulo: Unesp, 2005.

GLEISER, Marcelo. **Criação imperfeita**. Rio de Janeiro: Record, 2010.

HARARI, Yuval. **Sapiens: Uma breve história da humanidade**. Londres: Harvill Secker, 2014. São Paulo: L&PM Editores.

HAVELOCK, Eric. **A revolução da escrita na Grécia e suas consequências culturais**. Rio de Janeiro: Paz e Terra, 1996.

HAYEK, Friedrich von. **Caminhos da servidão**. Rio de Janeiro: LVM Editora, 2010.

HEWITT, Hugh. **Blog: entenda a revolução que vai mudar seu mundo**. Rio de Janeiro: Thomas Nelson Brasil, 2007.

INNIS, H. **Changing Concepts of Time**. Toronto, University of Toronto Press, 1952.

_____. **The Bias of Communication**. Toronto, University of Toronto Press. DOI : 10.2307/138041, 1999 [1951].

_____. **Empire and Communications**. Toronto e Buffalo, University of Toronto Press, 1972 [1950].

KUHN, T. S. **Estrutura das Revoluções Científicas**. São Paulo: Perspectiva, 2000.

LE GOFF, Jacques. **A Nova História**. Lisboa, Portugal, 1977.

LEROI-GOURHAN, André. **O gesto e a palavra — 1: Técnica e linguagem**. Edições 70. Lisboa, 1964.

_____. **O gesto e a palavra — 2: Memória e ritmos**. Edições 70. Lisboa, 1965.

LAKATOS, I.; MUSGRAVE, A. **A crítica e o desenvolvimento do conhecimento**. São Paulo: Cultrix, 1979.

LÉVY, Pierre. **As tecnologias da inteligência: O futuro do pensamento na Era da Informática**. Rio de Janeiro: Editora 34, 1993, p. 111–119.

_____. **As tecnologias da inteligência**. São Paulo: Editora 34, 1997.

_____. **A inteligência coletiva: por uma antropologia do ciberespaço**. Tradução de Luiz Paulo Rouanet. São Paulo: Loyola, 1998.

_____. **O que é o virtual**. São Paulo: Editora 34, 1996.

_____. **Cibercultura**. São Paulo: Editora 34, 1999.

_____. **A conexão planetária**. São Paulo: Editora 34, 2001.

MALTHUS, T. **Ensaio sobre a população**. São Paulo: Abril Cultural, 1982 (1798).

MAN, John. **A Revolução de Gutenberg**. Rio de Janeiro: Ediouro, 2002.

MARTIN, Henri-Jean. **The History and Power of Writing**. Londres e Chicago: The University of Chicago Press, 1994.

MCLUHAN, Marshall. **Os meios de comunicação como extensões do homem.** 5° ed. São Paulo: Cultrix, 1964.

_____. **A galáxia de Gutenberg — A formação do homem tipográfico.** São Paulo: Editora Nacional, 1977.

MISES, Ludwig. **Ação humana: Um Tratado de economia** (em português).

MITROFF, I. I. **Why some companies emerge stronger and better from a crisis: 7 essential lessons for surviving disaster.** Nova York: American Management Association, 2005.

MURRAY, Janete H. **Hamlet no Holodeck: o futuro da narrativa no ciberespaço.** São Paulo: Unesp, 2001.

NEPOMUCENO, Carlos. **Administração 3.0: por que e como uberizar uma organização tradicional.** Rio de Janeiro: Altabooks, 2018.

_____. **Gestão 3.0.** São Paulo: Elsevier, 2013.

_____. Carlos. **Macrocrise da informação digital: muito além das explosões informacionais.** Tese Doutorado. IBICT/UFF, 2010. Disponível em: http://bit.ly/tesenepo. Acesso em: 25 abril.2020.

PAINE, Thomas. **O senso comum e a crise.** Tradução de Vera Lúcia de Oliveira Sarmento. Brasília: UnB, 1982.

POPPER, Karl Raymond. **Conjecturas e refutações.** Tradução de Sérgio Bath. 3° ed. Brasília: Editora Universidade de Brasília, 1994. 449 p.

RAND, Ayn. **Introduction to Objectivist Epistemology.** 1967.

SCHUMPETER, J. **The theory of economic development.** Massachusetts: Harvard University, 1934.

SHIRK. Clay. **Lá vem todo mundo: o poder de organizar sem organizações.** São Paulo: Zahar, 2012.

_____. **A cultura da participação: Criatividade e generosidade no mundo conectado.** Rio de Janeiro: Zahar, 2011.

SMITH, Adam. **Riqueza das nações.** 2 volumes. Lisboa: Editora Fundação Calouste Gulbenkian, 1981 e 1983.

STONE, Brad. **A Loja de Tudo**. Rio de Janeiro: Intrínseca, 2014.

THOMPSON, D'Arcy. **On Magnitude.** In: _____. On Growth and Form. Edição abreviada, capítulo II. Inglaterra: Cambridge University Press, 1961.

TOFFLER, Alvin; TOFFLER, Heidi. **Criando uma nova civilização: a política da Terceira Onda.** Rio de Janeiro: Record, 1995.

ULMER, R. R.; SELLNOW, T. L.; SEEGER, M. W. **Effective Crisis Communication: Moving from Crisis to Opportunity.** Thousand Oaks: Sage Publications, 2007.

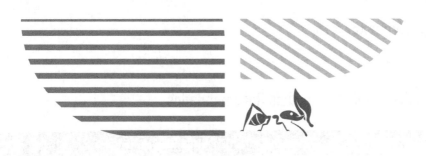

Links

Links Relevantes Gerais

TABELA DE LINKS RELEVANTES GERAIS	
LINKS RELEVANTES	**DETALHAMENTO**
População Mundial por Ano https://bit.ly/CIV2OPOP	Tabela que aponta a quantidade de pessoas a cada ano, atualmente estamos, ao escrevermos o livro, com 7,7 bilhões de sapiens.

Links — Atualização da Narrativa

LINKS — ATUALIZAÇÃO DA NARRATIVA	
LINKS	**DETALHAMENTO**
Blog do Autor http://nepo.com.br	Blog com mais de dez anos, com produção diária e novidades sobre a atual narrativa.
Escola Bimodal http://bimodais.com.br	Voltada para a atualização da narrativa e cursos para serem repassados a quem tem interesse em conhecer mais.

Links — Vídeos Bimodais Recomendados

TABELA DE LINKS DE FILMES RECOMENDADOS	
LINKS	**DETALHAMENTO**
Lutero https://bit.ly/CIV20LUTERO	Demonstra o efeito da chegada da nova mídia para impulsionar a Reforma Protestante.
A Grande Aposta https://bit.ly/CIV20GRANDEAPOSTA	Momento de anomalia, quando todo o mercado vai numa direção e a realidade para outra.
Capitão Fantástico bit.ly/CIV20CAPITAOFANTASTICO	Demonstra o quanto não entendemos que sempre viveremos em ambientes tecnológicos.
O Nome da Rosa https://bit.ly/CIV20NOMEDAROSA	Apresenta a dificuldade de acesso aos livros manuscritos na Idade Média.

Links — Entrevistas sobre o Livro

TABELA DE LINKS DE ENTREVISTAS SOBRE O LIVRO			
TÍTULO	**CANAL**	**LINKS**	**DETALHAMENTO**
Civilização 2.0 — por que estamos sendo obrigados a imitar as formigas?	PARA RESUMOCAST	bit.ly/CIV20RESUMOCAST	Concedida para Gustavo Carriconde pelo Nepô no dia 01/04/2020.
Civilização 2.0 — por que estamos sendo obrigados a imitar as formigas?	PARA RESUMOCAST	bit.ly/CIV20RESUMOCAST2	Concedida para Gustavo Carriconde pelo Nepô no dia 21/04/2020.

Links **241**

Links para os Artigos dos Pensadores Bimodais, que Refletem sobre a Narrativa

TABELA DE LINKS DE ENTREVISTAS SOBRE O LIVRO			
TÍTULO	PENSADOR BIMODAL	LINKS	Comentário do Autor (onde se encaixa na narrativa?)
Bimodalidade e Ações Bimodais	Renato Azevedo	https://bit.ly/ penbimodaisrenato1	A importância dos inquietos e das ações bimodais para a inovação constante e a competitividade futura da organização no mercado. Dialoga com a metodologia Bimodal "O que fazer?".

Links — Artigos sobre o Livro

TABELA DE LINKS DE ENTREVISTAS SOBRE O LIVRO			
TÍTULO	CANAL	LINKS	DETALHAMENTO
Civilização 2.0 — por dentro do meu novo livro	Blog do Nepô	bit.ly/CIV20ARTI-GO010420	Escrito no dia 01/04/2020.

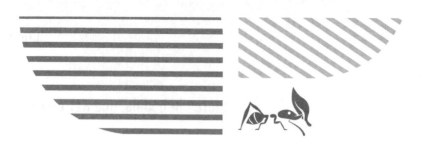

O Curador da Bimodais

Jornalista de tecnologia e doutor em Ciência da Informação pela Universidade Federal Fluminense, há 20 trabalha, escreve e pesquisa sobre a Era Digital.

Hoje, considera-se pesquisador do futurismo, inteligência competitiva digital, inovação e transformação digital.

É curador de narrativa da Bimodais — Escola de Pensamento Digital e conteudista, professor e coordenador da Bimodais — Futurismo Competitivo.

Professor em vários cursos de pós-graduação no Rio de Janeiro, publicou três livros sobre o digital e ganhou o Prêmio de Inovação da Revista Info e Top Entrevistados, da Época Negócios. Civilização 2.0 é seu quarto trabalho. Com uma carteira de mais de 500 clientes, proferiu centenas de palestras com milhares de alunos atendidos.

Dúvidas, problemas, sugestões sobre o texto podem ser feitas diretamente para o curador da escola, Carlos Nepomuceno (Nepô) — celular: (21) 99608-6422 (WhatsApp ou Telegram).

Índice

A

Administração por Rastros 102, 110
Administração Sonora 95-96
  e Organizações Tradicionais 106
  revisão filosófica 102
Airbnb 110
Alan Kay 33
AliExpress 119
Amazon 185-186
Amazon — A loja de tudo, livro 186
Antropologia Cognitiva 3, 201-202
Antropologia da Sobrevivência 3
Arpanet 131-132
ataformas Uberizadas 106
Aumento Populacional
    Progressivo 68
aumentos populacionais 68
autonomia 159
Ayn Rand 167

B

Bimodais
  conceitos 39-40
Bitcoin 130-131
blockchain 124
Blockchenização 24, 57, 121
  potencial da 124
Brad Stone 186

C

Canais Midiáticos
  exemplos 54
canal 52
  Novos Canais Midiáticos 54
Cegueira Competitiva 192
Cibercultura, livro 55
Civilização 1.0 72
  características 23
Civilização 2.1 127
Clay Shirky 50
colaboração 27
compartilhamento 27
competitividade 192
Complexidade Demográfica
    Progressiva 58
Complexidade dos Problemas
    Cotidianos 62
comunicação 50
confiança
  critérios de 118-119
conhecimento 27

243

244 ►► CIVILIZAÇÃO 2.0

Constantinopla
queda de 50
Controle de Qualidade 104
Criação Imperfeita, livro 148
criatividade 159
crise 173
crise demográfica 19-20
Crises de Paradigma 176
Curadoria 104, 115
1.0 120-121, 122

D

demandas 40
Descentralização Progressiva 24,
87-88
Diálogo Interno Progressivo 162-
163
diferencial competitivo 9
Digitalização 109, 121, 183
Digitalização da Gestão 110
DNA Civilizacional 108
DogHero 119
Dogmatismo
definição 146

E

eBay 119
Edifício do Pensamento 181
Emocionalismo 169
empreendedores 34
epidemias 25
como lidar 25
Era Digital 20
crises 15
Eras Civilizacionais
inauguração de 46
Eric Havelock 46
Escola de Comunicação de
Toronto 46
Escola de Pensamento de
Toronto 27

escrita impressa 48
Espécie Social Tecnogenética 59
Espécies Sociais 68
Espécies Sociais Genéticas 59
Espiral Civilizacional 89
essência
definição 25-26
falta de análise da 26
humana 27
Estante Virtual 123
estratégias de ação 25-26

F

Facebook 123
Fatores Detonantes 28
Felicidade Conjuntural 141
Felicidade Estrutural 141
Fenômenos Sociais Não Tecnológicos
30
Fenômenos Sociais Tecnológicos 30
Fenômenos Tecnológicos 41
desdobramentos 42
Fenômenos Tecnomidiáticos
interações com os 48
Fronteira Coletiva do Conhecimento
150-151
Futurismo Competitivo 4

G

Gestoria 190
problema da 191
gestos
interação por 48
Globo, TV 116
Google 40
Google Play 116

H

Harold Innis 46-47
Hierarquia Fixa Vertical 61

I

ideias 31
Imersão Filosófica 20
informação 27
Inovação Bimodal 4
internet
  criação da 131–132

J

Jeff Bezos 185–186
Johannes Gutenberg 49
John Naisbitt 197
Júlio Verne 40

K

Kindle 185–186

L

Leonardo da Vinci 40
linguagem 52
  Novas Linguagens Midiáticas 54
Linguagem Escrita 52, 55
Linguagem Oral 55
livre mercado 48

M

Macrocrise Civilizacional 70
  características 76
Macrocrise da Gestão 100
Macrocrise Demográfica 19–20, 24
Macrocrises 68
Macro-ordem Espontânea 20
Marcelo Gleiser 148
Marshall McLuhan 30, 46–47
Matt Ridley 199
meios eletrônicos de massa 48
Mercado Livre 119
Métodos de Análise 180

mídias 42
Modal 1 (Gestão) 189
Modal 2 (Curadoria) 189
Modelo de Administração 57
Modelo Estrutural Administrativo
  24
Modelo Estrutural de Sobrevivência
  20, 60, 66–67
modelos de interação e decisão 60
monoteísmo 54
Musculação da Percepção 162–163

N

Napster 129–131
Narrativa Conceitual Bimodal 185
Netflix 116

O

O Discurso do Método, livro 204
oral
  interação 48
oralidade 52
Organizações 2.0 94

P

pandemia
  como lidar 25
  definição 25
Pierre Lévy 47, 50, 55, 201
Plataformas Distribuídas 133
Plataformas Uberizadas 104
Pragmatismo Inadequado 173
prensa
  criação da 49
projetos nos negócios 84

Q

Quarta Imersão no Futurismo
  Competitivo Bimodal 16

R

Realidade Absoluta 147, 155
Realidade Parcial 155–156
Reforma Protestante 55
Renascimento 49
ResumoCast 8
Revolução Industrial 4.0 28
Revolução Midiática Civilizacional
    19–20
  definição 24–25
Revolução Midiática Civilizacional
    Digital
  equívocos 26

S

salto demográfico 19
Sapiens, livro 48
sapiens–Tecnologia
  relação 34
Satoshi Nakamoto 130–131
Second Life 40
Serial Killers 152–153
sobrevivência 61
Sociedade da Informação 27
Sociedade Moderna
  chegada da 49

T

Tecnocultura 30
tecnoequívoco 27
Tecnofenômeno Midiático
  duas pernas do 52
Tecnofenômenos 34
  definição 29
  desembaralhamentos 30
Tecnofenômenos Midiáticos 43
tecnologia
  relação com a 33
tecnologias 30
  consequências 39

tecnologias centrais 42
Tecnologias Centrais 43
  massificação 44
Tecnologias Periféricas 43
  massificação 44
Teto Demográfico 58, 60
Thomas Kuhn 176
Thomas Malthus 68
Transformação Digital 110
Transformação Digital Rivotril 24
Twitter 123

U

Uber 110, 110–111
Uberização 57, 104, 109, 112
  crise da 120
  potencial da 24

V

Vácuos Tecnoculturais 40
Vácuo Tecnocultural 35, 57

W

Waze 113
Werner Buchholz 7

Y

YouTube 116

Z

Zecapagodismo 158
Zonas de Abandono 84
Zonas de Atração 84

Projetos corporativos e edições personalizadas
dentro da sua estratégia de negócio. Já pensou nisso?

Coordenação de Eventos
Viviane Paiva
viviane@altabooks.com.br

Contato Comercial
vendas.corporativas@altabooks.com.br

A Alta Books tem criado experiências incríveis no meio corporativo. Com a crescente implementação da educação corporativa nas empresas, o livro entra como uma importante fonte de conhecimento. Com atendimento personalizado, conseguimos identificar as principais necessidades, e criar uma seleção de livros que podem ser utilizados de diversas maneiras, como por exemplo, para fortalecer relacionamento com suas equipes/ seus clientes. Você já utilizou o livro para alguma ação estratégica na sua empresa?

Entre em contato com nosso time para entender melhor as possibilidades de personalização e incentivo ao desenvolvimento pessoal e profissional.

PUBLIQUE SEU LIVRO

Publique seu livro com a Alta Books. Para mais informações envie um e-mail para: autoria@altabooks.com.br

 /altabooks   /alta-books   /altabooks   /altabooks

CONHEÇA OUTROS LIVROS DA **ALTA BOOKS**

Todas as imagens são meramente ilustrativas.

 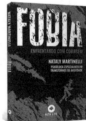